UNOFFICIAL BOOK

MINECRAFT
수학 코딩 대모험

❷ 위더를 무찔러라!

GOLDEN AXE 지음 이강숙(초등 교사) 감수

수학, 코딩에
자신감이 쑥쑥!

히든 보스
공략 방법을
알려 주지!

수학적 추론 능력   **절차적 사고력**

★초등학교 1~3학년이 꼭 풀어야 할 책★
초등 수학 교과서 저자 겸 현직 교사
이강숙 선생님이 강력 추천하는 워크북!

초등 교육과정 연계

서울문화사

들어가는 글

MINECRAFT

전 세계 비디오 게임 판매량 1위!
3억 장 이상 판매된 모장 스튜디오의 인기 게임입니다.

네모난 블록으로 이루어진 세계에서
자유롭게 멋진 건축물을 만들고
다양한 도구를 제작합니다.

몬스터가 우글거리는 지하 동굴을 탐험하고,
히든 보스인 위더를 찾아 모험을 떠나 봅시다!

> <마인크래프트 수학 코딩 대모험>은
> 마인크래프트 세계관을 바탕으로 수학과 코딩을 익히는
> 책입니다. 박사님의 설명에 따라 스티브, 알렉스와 함께
> 수학, 코딩 문제를 풀며 수학적 추론 능력과
> 절차적 사고력을 자연스럽게 기를 수 있습니다.
>
> 기본적인 게임 방법인 무기를 만드는 조합법부터,
> 히든 보스인 위더를 무찌를 수 있는
> 공략 방법까지 배울 수 있습니다.

등장인물

스티브
마인크래프트의 주인공.
수학, 코딩 공부를 하여
히든 보스를 무찌르기 위한 모험을 떠난다.

알렉스
스티브가 의지할 수 있는 파트너.
스티브와 함께 마인크래프트의
히든 보스를 물리치기 위해 떠난다.

박사
마인크래프트의 모든 것을 아는 박사님.
게임 공략 방법을 알려 주어
히든 보스를 무찌를 수 있도록 돕는다.

이 책의 구성

박사님의 재미있는 마인크래프트 가이드!

문제에 포함된 수학적 개념과 코딩의 구성 요소!

한눈에 알 수 있는 문제 난이도!

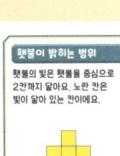
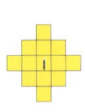

마인크래프트 공략 방법과 숨은 꿀팁!

호기심을 갖게 하는 프롤로그 만화!

초등학교 선생님이 알려주는 친절한 풀이!

추천의 글

🌟 **서울금천초등학교 이강숙** 선생님

우리 아이들이 수학을 떠올리면 즐겁고, 하고 싶고, 잘할 수 있다는 자신감이 있고, 그래서 행복한 마음이 들었으면 좋겠어요. 교과서와 문제집에서 보는 덧셈 문제 '5+7'을 공부해야 하는 문제로 만나는 게 아니라, 아이들이 좋아하는 마인크래프트라는 게임 안에서 해결해야 하는 미션으로 '5+7'을 만난다면 수학에 대한 생각이 달라질 거예요.

마인크래프트에서 아이들은 전략을 세우고 조건을 탐색, 비교하고 선택해요. 이 과정 속에 녹아있는 수학을 이 책에서 만날 수 있어요. 마인크래프트를 좋아한다면, 익숙한 게임을 통해서 문제를 보다 적극적으로 해결할 수 있을 거예요. 마인크래프트를 처음 해 보더라도 새로운 세계로 떠나는 탐험가의 마음으로 도전해 볼 수 있어요.

<마인크래프트 수학 코딩 대모험 1>에서는 최종 목표인 엔더 드래곤을 물리치기 위해 모험을 했고, <마인크래프트 수학 코딩 대모험 2>에서는 히든 보스인 위더와의 결투가 여러분을 기다리고 있어요. 히든 보스를 찾고 결투를 하는 모험을 통해 수학적 추론 능력과 절차적 사고력이 자연스럽게 길러질 거예요.

2022 개정 교육과정은 미래 변화 대응 역량 강화를 위해서 학생들이 미래 사회에서 요구하는 창의적 문제 해결 능력, 자기 주도적 학습 능력 등을 갖출 수 있도록 교육하며, 지속 가능한 미래를 위한 디지털 기초소양 강화 및 정보교육을 강조하고 있어요. 이 책은 초등학교 수학 교육과정에서 학습하는 수와 연산, 도형과 측정, 변화와 관계(규칙성), 자료와 가능성의 전 영역에 대해서 마인크래프트라는 재미있는 게임을 통해 학습할 수 있어요.

운동이나 악기 연주를 잘 하고 싶다면 꾸준한 연습이 필요하듯 수학적 추론 능력과 절차적 사고력 등 수학적 능력을 키우는 것 또한 연습이 필요해요. <마인크래프트 수학 코딩 대모험 2>에서 문제를 읽으며 스스로 이해하고, 주어진 조건과 구하고자 하는 것을 찾아 문제를 해결해 가는 경험을 통해 즐겁고 재미있게 수학적 능력을 키우길 바랍니다.

차례

들어가는 글 · 2

이 책의 구성 · 4

프롤로그 · 8

미션 01. 여러 가지 재료를 모아라! · 10

미션 02. 안전한 집을 만들어라! · 12

미션 03. 모험에 필요한 아이템을 준비하라! · 14

미션 04. 아이템을 거래할 마을을 찾아라! · 16

미션 05. 마을에서 아이템을 모아라! · 18

미션 06. 성직자를 치료하고 거래하라! · 20

미션 07. 약탈자의 전초 기지를 찾아라! · 22

미션 08. 약탈자와 몬스터를 쓰러뜨려라! · 24

미션 09. 지도 제작자의 탐험 지도를 찾아라! · 26

미션 10. 동굴에서 광석을 캐라! · 28

미션 11. 동굴에서 몬스터와 결투하라! · 30

미션 12. 깊은 동굴에서 다이아몬드를 찾아라! · 32

미션 13. 무성한 동굴을 모험하라! · 34

미션 14. 늪을 모험하라! · 36

미션 15. 거북 알을 보호하고 부화시켜라! · 38

미션 16. 돌고래를 따라 난파선을 탐험하라! · 40

미션 17. 바다에서 드라운드와 결투하라! · 42

미션 18. 사막에서 피라미드를 찾아라! · 44

미션 19. 피라미드에서 보물 상자를 구하라! · 46

미션 20. 낙타를 타고 사막을 모험하라! · 48

미션 21. 숲에 숨겨진 대저택을 찾아라! · 50

미션 22. 삼림 대저택을 탐색하라! · 52

미션 23. 소환사를 쓰러뜨려라! · 54

미션 24. 대저택에 갇힌 요정 알레이를 구하라! · 56

미션 25. 지하 세계 네더로 출발하라! · 58

미션 26. 네더의 몬스터를 쓰러뜨려라! · 60

미션 27. 네더 요새에서 블레이즈를 쓰러뜨려라! · 62

미션 28. 전투를 대비해 물약을 만들어라! · 64

미션 29. 최고의 네더라이트 장비를 만들어라! · 66

미션 30. 마법 부여대로 장비에 마법을 부여하라! · 68

미션 31. 가스트를 쓰러뜨려라! · 70

미션 32. 위더 스켈레톤을 쓰러뜨려라! · 72

미션 33. 히든 보스 위더를 쓰러뜨려라! · 74

풀이와 답 · 76

프롤로그

미션 01

수학 한 자리 수의 덧셈 | 길이 **코딩** 문제 이해 | 알고리즘 이해

여러 가지 재료를 모아라!

마인크래프트를 시작하면, 가장 먼저 재료를 모아야 해. 모험을 시작하기 전에 나무와 돌을 모으고, 철이나 금 같은 광석도 충분히 모아 두는 게 좋단다. 함께 재료를 모아 보자!

미션 완료!

월   일

1 근처에 있는 나무를 자르자

스티브는 현재 위치에서 3칸 이내에 있는 나무만 자를 수 있어요. 스티브가 자를 수 있는 나무는 모두 몇 그루일까요?

칸을 셀 때 주의할 점

대각선으로 이동할 경우에는 2칸으로 세야 해요.

답. 자를 수 있는 나무는 모두 ☐ 그루예요.

2 여러 가지 광석을 캐자

지하에 묻혀 있는 광석을 얻으러 가요. 입구 A~M 중에서 한 곳을 골라, 화살표를 따라 한 줄로 들어가며 광석을 캘 수 있어요.

 석탄 광석   철광석   에메랄드 광석

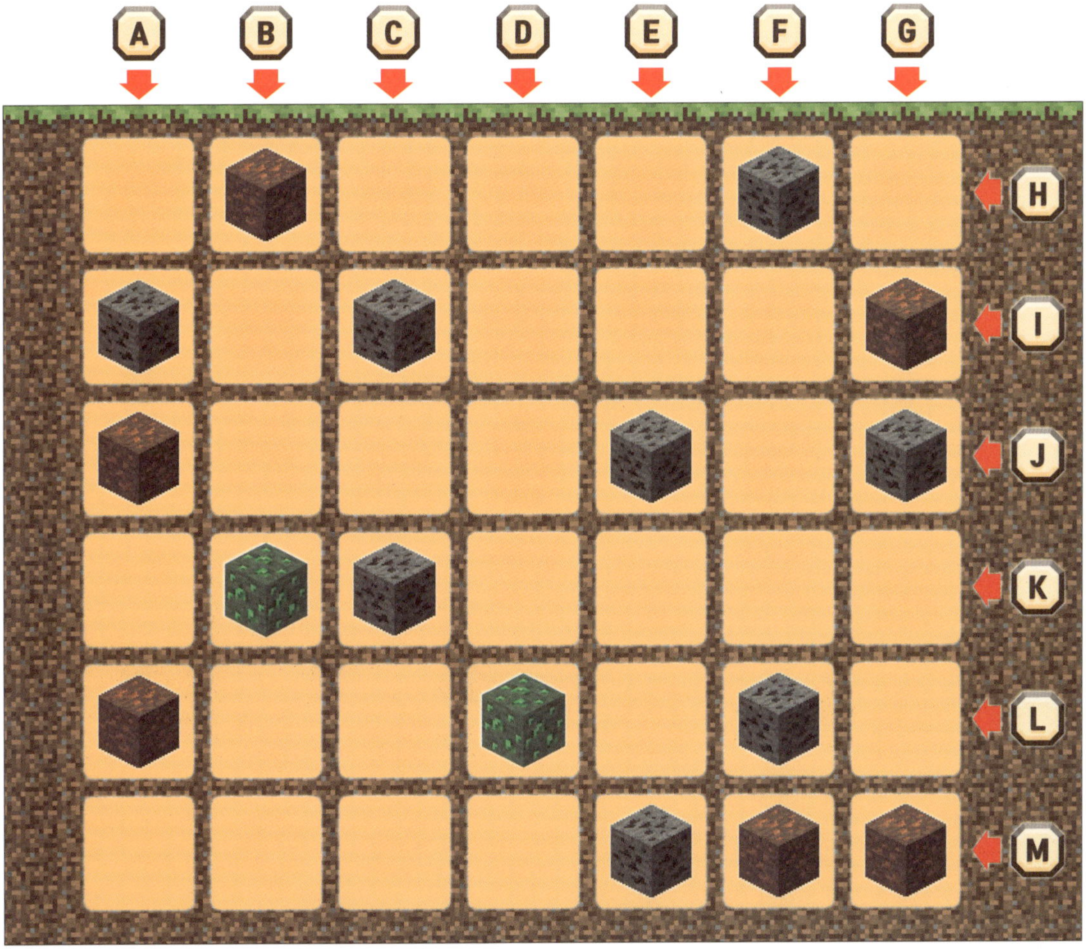

1. 석탄 광석, 철광석, 에메랄드 광석을 모두 얻을 수 있는 입구는 A ~ M 중 어디일까요?

답.

2. 석탄 광석 2개와 철광석 1개를 얻을 수 있는 입구는 A~M 중 3곳이 있습니다. 3곳은 각각 어디일까요?

답.

미션 02

수학 평면도형 | 공간 감각　코딩 자료의 수집 | 정보의 구조화

안전한 집을 만들어라!

재료를 충분히 모았다면, 위험한 밤이 되기 전에 안전한 집을 만들어야 해. 집은 나무와 돌 블록으로 지을 수 있어. 집 안을 아이템으로 꾸미고, 집에서 안전하게 쉬자!

미션 완료!

　　　월　　　일

1 집에서 안전하게 쉬자

모은 나무와 돌 블록으로 집을 완성했어요. 스티브는 집 안의 A~J 중 한 곳에서 쉬고 있어요. 문제를 읽고 스티브가 어느 칸에 있는지 맞혀 보세요.

상자　화로　횃불
침대　꽃　갑옷 거치대
책장　비계　양조기

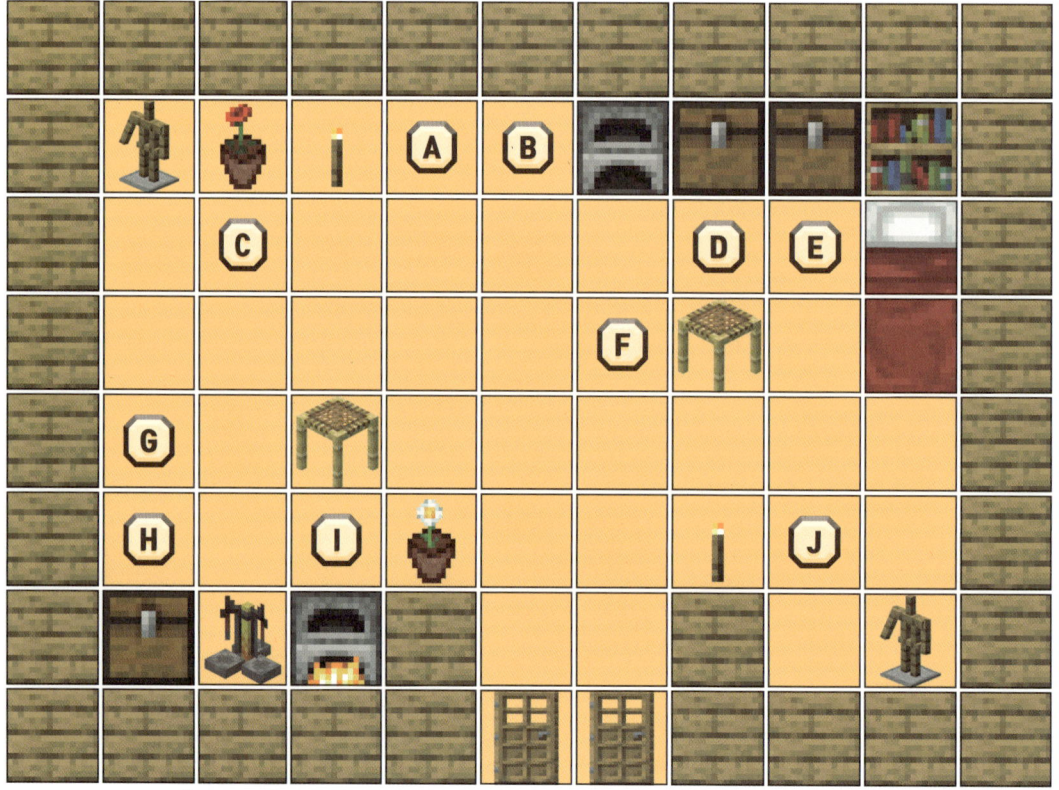

1 스티브는 상자 옆 칸에 있어요.
스티브에게서 2칸 떨어진 곳에는 양조기가 있어요.

답.

2 스티브는 침대에서 3칸 떨어진 칸으로 이동했어요.
스티브에게서 2칸 떨어진 곳에는 갑옷 거치대가 있어요.

답.

3 스티브는 불을 밝히고 싶어서 횃불 옆 칸으로 이동했어요.
횃불 바로 옆에는 꽃이 있어요.

답.

4 스티브는 잠시 앉아 있고 싶어서 비계의 옆 칸으로 이동했어요.
이동한 칸의 대각선에는 양조기가 있어요.

답.

5 스티브는 상자에 아이템을 넣어두는 것을 잊어버렸어요.
화로 바로 옆 칸에 있는 상자의 옆 칸으로 이동했어요.

답.

집이 있으니 안전하게 쉴 수 있네!

칸을 셀 때 주의할 점
대각선으로 이동할 경우에는 2칸으로 세야 해요.

1칸   2칸

마인크래프트 공략 방법
훈연기와 용광로로 시간을 단축할 수 있다!
육류나 생선, 광석 등을 구울 때는 흔히 화로를 사용한다. 하지만 화로보다 2배나 빠르게 아이템을 구울 수 있는 블록이 있다. 바로 훈연기와 용광로. 단, 훈연기는 육류나 생선 등을 요리할 때 사용하고, 용광로는 광석만 구울 수 있다.

미션 03

수학 자연수의 덧셈 | 자연수의 곱셈 **코딩** 문제 이해 | 핵심요소 추출

모험에 필요한 아이템을 준비하라!

모험을 떠나기 전에 필요한 도구를 준비하는 것이 좋겠지. 음식과 횃불을 많이 준비해 두자. 그리고 전투에 필요한 무기와 갑옷을 만들어야 해.

미션 완료!

월   일

1 여러 가지 아이템을 만들자

모험을 떠나기 전에 빵과 횃불을 만들어요. 모아 둔 재료로 빵과 횃불을 몇 개 만들 수 있을까요? 조합법에 따라 계산해 보세요.

빵 조합법
밀: 3개

밀 13개

답. 빵을 ☐ 개 만들 수 있어요.

횃불 조합법
석탄이나 숯: 1개
막대기: 1개

석탄 4개

숯 3개

막대기 8개

힌트!
횃불은 석탄이나 숯을 사용해서 만들 수 있어!

답. 횃불을 ☐ 개 만들 수 있어요.

2 장비의 방어력을 계산하자

이번에는 모아 둔 재료로 갑옷을 만들어요. 다음과 같이 장비를 갖추면, 갑옷의 방어력이 얼마나 될까요? ☐ 안에 알맞은 수를 넣어 식을 완성해 보세요.

 가죽 모자 방어력: 1   가죽 재킷 방어력: 3   가죽 바지 방어력: 2   가죽 부츠 방어력: 1

 철 헬멧 방어력: 2   철 흉갑 방어력: 6   철 레깅스 방어력: 5   철 부츠 방어력: 2

 금 투구 방어력: 2   황금 흉갑 방어력: 5   금 레깅스 방어력: 3   황금 부츠 방어력: 1

1

☐ + ☐ + ☐ + ☐ = ☐

2

☐ + ☐ + ☐ + ☐ = ☐

3

☐ + ☐ + ☐ + ☐ = ☐

마인크래프트 공략 방법 — 갑옷에 무늬를 넣을 수 있다!

대장장이 형판을 사용하여 마음에 드는 갑옷에 무늬를 넣을 수 있다. 대장장이 형판은 상자 안에 숨겨져 있는 희귀 아이템이다. 여러 장소를 모험하면서 찾아보자!

미션 04

수학 분류 | 자연수의 덧셈과 뺄셈 **코딩** 정보의 구조화 | 핵심요소 추출

아이템을 거래할 마을을 찾아라!

마을에서 모험에 도움이 되는 아이템을 많이 확보할 수 있어. 주민을 만나 거래하렴. 구하기 어려운 아이템을 얻을 수 있는 행운이 있을 거야! 마을을 찾아 방문해 보자.

미션 완료!

월   일

1 거래할 아이템을 확보하자

출발 지점에서 시작해서 마을로 이동해요! 주민과 거래할 때 사용 가능한 아이템을 얻을 수 있는 길을 찾아 선을 그어 보아요. 거래할 때 사용할 수 없는 아이템이 있는 칸은 지나갈 수 없어요.

거래 가능
- 석탄
- 가죽
- 익히지 않은 닭고기
- 실

거래 불가능
- 민들레
- 툴립
- 버섯
- 선인장

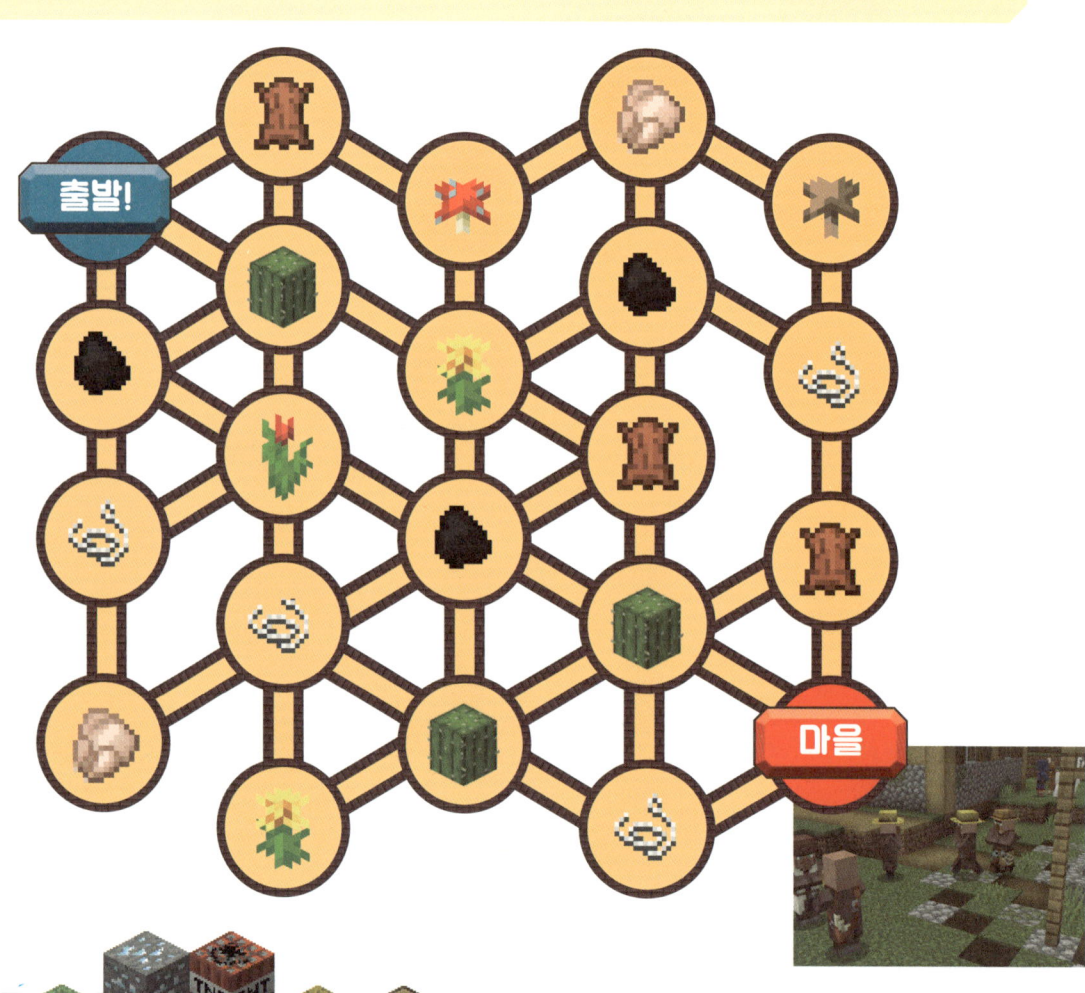

2 철 골렘이 내는 계산식을 완성하자

철 골렘이 마을 입구를 지키고 있어요. 철 골렘이 낸 문제를 풀면 마을로 들어갈 수 있어요. 아래 계산식을 완성해서 마을로 들어가요.

> 올림과 내림이 있는 덧셈과 뺄셈 문제가 있다. 아래 문제에 대답할 수 있다면 마을에 들여보내 주도록 하겠다.

5+7 = ☐   12-6 = ☐

8+5 = ☐   14-7 = ☐

9+4 = ☐   17-8 = ☐

3+8 = ☐   15-9 = ☐

6+9 = ☐   13-5 = ☐

마인크래프트 공략 방법 — 철 골렘은 함께 싸워 준다!

철 골렘은 마을에 들어오는 적을 공격해서 플레이어와 주민을 지킨다. 항상 마을 주변을 돌아다니며 순찰하고, 적이 침범해 오는 습격 사건에서도 크게 활약하는 믿음직한 아군이다. 다만 철 골렘은 체력이 떨어지면 적 몬스터에게 당하니 주의하자.

미션 05

수학 시간의 계산 | 수의 크기 비교 코딩 문제 이해 | 핵심요소 추출

마을에서 아이템을 모아라!

모험을 대비해서 마을에서 음식을 모아 두자. 마을의 밭에서 자라는 밀, 비트 같은 작물을 얻을 수 있어. 닭이나 돼지 같은 동물도 좋은 식량이 된단다.

미션 완료!

월　　일

1 화로에서 아이템을 굽자

화로에서 아이템을 구우려면 연료가 필요해요. 연료는 종류에 따라 타는 시간이 달라요.

자작나무 원목	석탄
15초	80초

1 익히지 않은 닭고기를 구워 익힌 닭고기를 만드는 데 1개당 10초가 걸려요. 아래에 있는 연료를 사용하면 익힌 닭고기를 몇 마리 만들 수 있을까요? (단, 1개씩 구워요.)

 익히지 않은 닭고기 → 10초 → 익힌 닭고기

① 자작나무 원목 4개

답. ☐ 개

② 석탄 2개

답. ☐ 개

2 익힌 닭고기 14개를 만들려고 합니다. 연료의 조합으로 적절한 것을 골라 보세요. (단, 1개씩 구워요.)

A 자작나무 원목 4개, 석탄 1개

B 자작나무 원목 8개

C 자작나무 원목 2개, 석탄 1개

답. ☐

2 모은 아이템을 정리하자

모은 아이템 중에서 같은 종류의 아이템은 64개까지 겹쳐서 한 칸에 쌓을 수 있어요. 단, 도구는 쌓을 수 없어요. 상자 속을 정리해 보세요.

쌓을 수 있는 아이템: 흙, 비트, 밀, 당근, 조약돌, 익히지 않은 닭고기

쌓을 수 없는 아이템: 검, 곡괭이, 도끼, 삽

상자

비트 4		흙 1	밀 1	당근 6		밀 1	당근 9	도끼 1
비트 6	검 1			닭고기 5	검 1	흙 3	닭고기 2	
삽 1	밀 3	밀 4	삽 1	흙 3	흙 2	도끼 1	곡괭이 1	

1 쌓을 수 있는 아이템을 최대한 많이 겹쳐 놓으면 상자는 몇 칸이나 비워질까요?

답. ☐ 칸

2 쌓아 놓은 아이템 중에서 가장 많은 수를 쌓은 아이템은 무엇일까요?

답. ☐

마인크래프트 공략 방법 — 달걀은 16개까지 쌓을 수 있다!

쌓을 수 있는 아이템은 대부분 64개까지 겹쳐 쌓을 수 있다. 하지만 달걀, 눈덩이, 간판, 엔더 진주 등은 16개까지만 쌓을 수 있다. 양동이도 16개까지 쌓을 수 있지만 양동이에 물이나 용암을 넣어 두면 쌓을 수 없다. 양동이로 물을 푸는 일이 많으므로 기억해 두자.

미션 06 — 성직자를 치료하고 거래하라!

수학 | 자연수의 곱셈 | 자연수의 나눗셈   코딩 | 문제 이해 | 정보의 구조화

엔더 진주와 청금석을 거래해 주는 성직자가 좀비의 공격을 받았어. 좀비 주민이 된 성직자를 황금 사과를 사용해 치료하고, 성직자와 거래하자!

미션 완료! 월   일

1 좀비 주민이 된 성직자를 치료하자

성직자가 좀비에게 물려 좀비 주민이 되었어요. 좀비 주민을 치료하기 위해 투척용 나약함의 물약을 던진 뒤 황금 사과 1개를 주어야 해요. 다음 문제를 풀어 보세요.

황금 사과로 치료하기

황금 사과 조합법
사과: 1개
금 주괴: 8개

사과 4개

금 주괴 18개

1. 모아 둔 사과와 금 주괴를 사용하여 투척용 나약함의 물약을 맞은 좀비 주민 2명을 치료하려고 합니다. 사과와 금 주괴는 몇 개 남을까요?

답. 사과는 ☐ 개, 금 주괴는 ☐ 개 남아요.

2. 1번 문제와 같이 좀비 주민 2명을 치료한 뒤, 다시 좀비 주민 1명을 치료하려고 합니다. 금 주괴는 몇 개 더 필요할까요?

답. ☐ 개 더 필요해요.

2 성직자와 거래하자

성직자가 치료에 대한 보답으로 특별히 거래를 해 주었고, 마법 부여에 필요한 청금석을 얻었어요. 마법 부여는 무기나 도구를 강하게 만들어요. 다음 문제를 풀어 보세요.

1 성직자는 썩은 살점 6개를 에메랄드 1개로, 에메랄드 1개를 청금석 1개로 교환해 줘요. 썩은 살점이 16개 있을 경우, 청금석은 몇 개 얻을 수 있을까요? 또, 썩은 살점은 몇 개 남을까요?

답. 청금석은 ☐ 개 얻을 수 있고, 썩은 살점은 ☐ 개 남아요.

2 거래를 반복하다 보니 청금석의 가격이 올랐어요. 이제 청금석 1개를 교환하려면 에메랄드 2개가 필요해요. 청금석 3개를 얻으려면 썩은 살점이 몇 개 필요할까요?

답. ☐ 개 필요해요.

먼저, 에메랄드가 몇 개 필요한지 계산해 보자!

마인크래프트 공략 방법: 에메랄드는 막대기와 교환할 수 있다!

막대기를 에메랄드로 교환해 주는 화살 제조인이 있다. 막대기는 나무판자로 쉽게 만들 수 있으므로 막대기를 만들어 화살 제조인과 거래해 에메랄드를 얻는 것이 좋다. 또, 좀비에게 얻을 수 있는 썩은 살점은 성직자와 거래할 때만 사용한다.

미션 07

수학 자연수의 덧셈 | 공간 감각　코딩 자료의 수집 | 정보의 구조화

약탈자의 전초 기지를 찾아라!

약탈자가 성직자의 마을을 자주 습격하고 있다고 해. 성직자가 우리에게 도움을 요청했어. 약탈자를 무찌르기 위해 약탈자가 거주하는 전초 기지를 향해 가자!

미션 완료!

　　　　월　　　일

1 전초 기지의 상자를 찾아가자 ⚔ ✕✕✕

전초 기지의 상자에는 쇠뇌 같은 강력한 무기가 들어 있어요. 상자가 있는 도착 지점까지 가는 길을 찾아 선을 그어 보세요. 약탈자가 있는 곳은 지나갈 수 없어요.

 약탈자

출발!

 도착!

2 확보한 아이템을 정리하자

전초 기지에서 확보한 아이템을 정리해서 보관하려고 해요.
각각 아이템이 들어 있는 이 3개의 상자에 아이템을 추가로 넣으려고 해요.
상자에 들어 있는 아이템의 종류와 수가 같아지도록 선으로 연결해 보세요.

마인크래프트 공략 방법
습격 사건을 일으키지 않는 방법이 있다!

약탈자를 쓰러뜨려 '불길한 조짐'이라는 상태 효과에 걸린 상태로 마을에 진입하면 습격 사건이 시작된다. 습격 사건을 없애려면 우유를 마셔서 상태 효과를 제거해야 한다.

미션 08

수학 자연수의 덧셈 | 세 수의 덧셈 **코딩** 알고리즘 이해 | 알고리즘 표현

약탈자와 몬스터를 쓰러뜨려라!

전초 기지의 약탈자를 쓰러뜨렸지만 이것만으로 마을에 평화가 찾아오지 않아. 약탈자는 계속 마을을 습격해 오고 있어. 주민을 도와 마을을 지키자.

미션 완료!
월   일

1 약탈자를 쓰러뜨리자

전초 기지를 나서다가 약탈자들에게 발각되었어요. 약탈자가 내는 계산식의 답을 찾으면 약탈자를 쓰러뜨릴 수 있어요. 빈칸에 들어갈 수를 써 보세요.

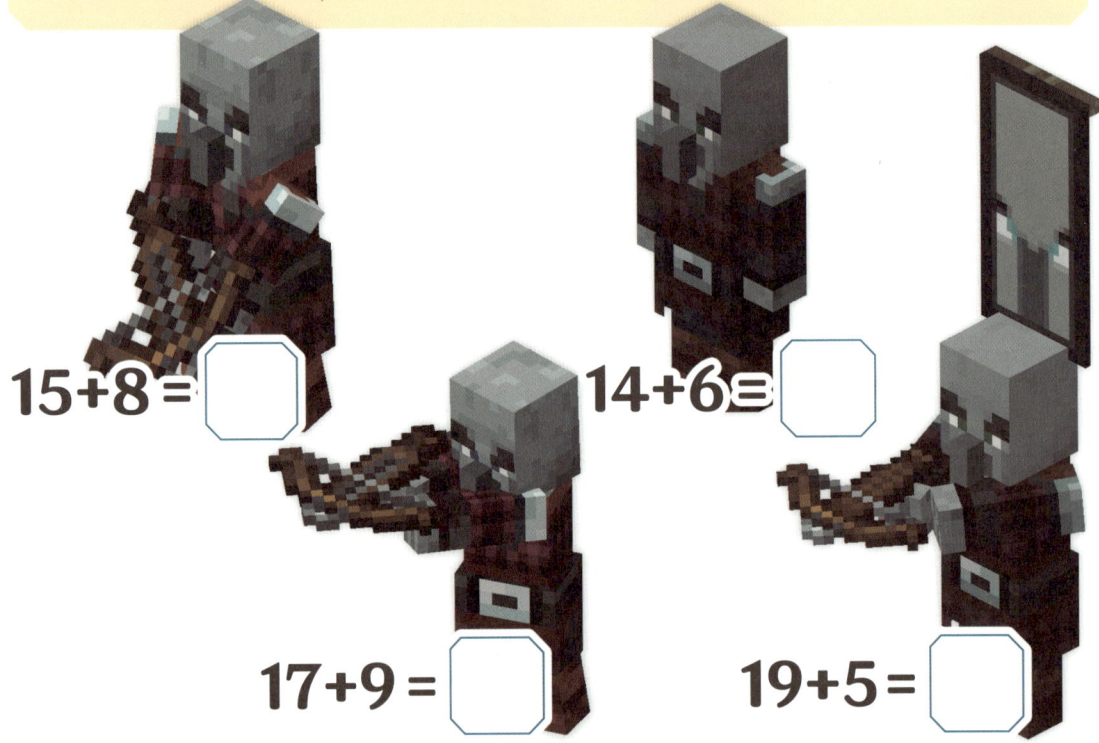

15+8=☐   14+6=☐

17+9=☐   19+5=☐

마인크래프트 공략 방법 — 습격 사건을 해결하는 요령이 있다!

먼저 마을 중심에 있는 종을 울려서 주민들을 집으로 들어가게 한다. 그리고 집의 문을 블록으로 막아서 주민들이 습격 받지 않도록 한다. 마을 주위를 울타리로 둘러싸면 적대적 몬스터가 마을에 들어올 수 없다. 습격 사건을 해결하면 마을의 영웅이 되어 주민과 거래할 때 비용을 할인받을 수 있다.

2 마을을 습격하는 몬스터를 쓰러뜨리자

약탈자를 쓰러뜨리고 마을로 돌아오자, 이번에는 적대적 몬스터의 습격이 시작되었어요. 많은 몬스터가 마을을 계속 습격하고 있어요. 몬스터가 내는 문제를 풀어 보세요.

1 마녀, 변명자, 약탈자가 나타났습니다. 몬스터가 내는 문제를 풀어 보세요.

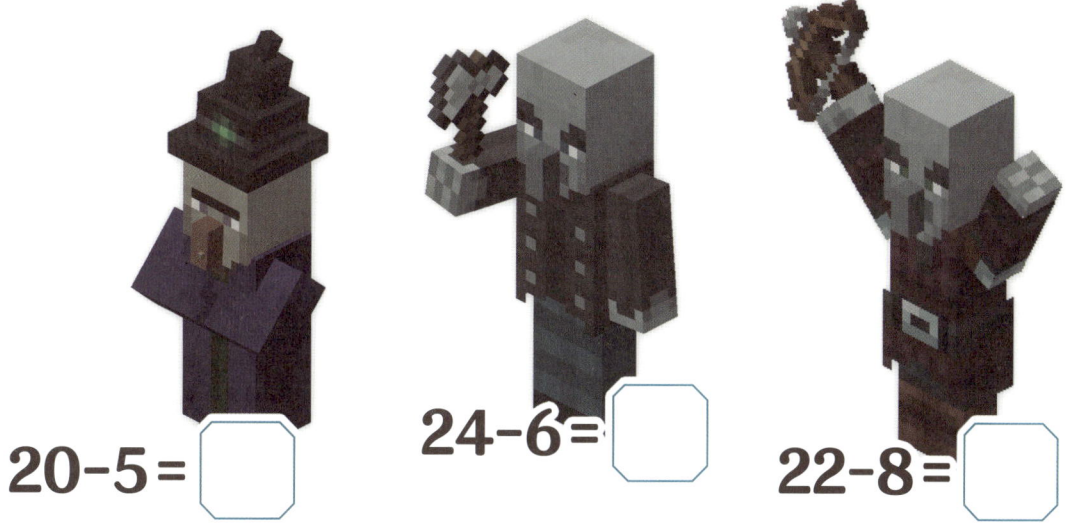

20-5 =

24-6 =

22-8 =

2 마인크래프트 몬스터 중 머리가 가장 큰 몬스터인 파괴수가 나타났어요. 파괴수가 내는 문제를 풀어 보세요.

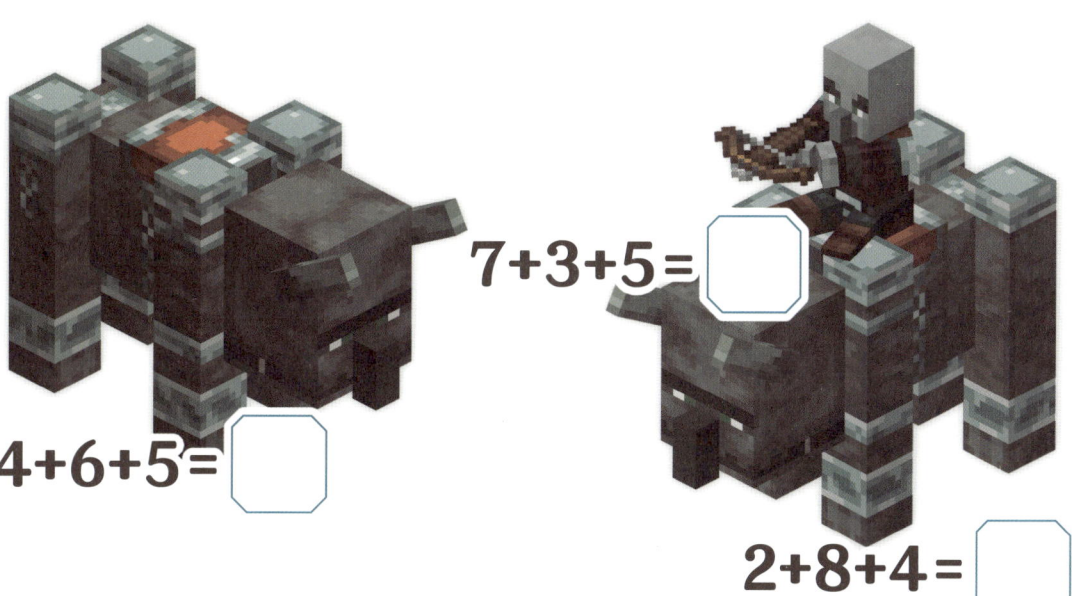

4+6+5 =

7+3+5 =

2+8+4 =

미션 09

수학 | 자연수의 덧셈 | 길이 | 코딩 | 알고리즘 이해 | 알고리즘 표현

지도 제작자의 탐험 지도를 찾아라!

삼림 대저택을 찾아 부활할 수 있는 희귀 아이템인 불사의 토템을 구해야 해. 삼림 대저택을 찾기 위해 탐험 지도가 필요하지. 지도 제작자를 만나 삼림 탐험 지도를 구하자!

미션 완료!

월   일

1 지도 제작자가 내는 문제를 풀자

지도 제작자와 거래하면 삼림 탐험 지도와 해양 탐험 지도를 구할 수 있어요.
다음 문제를 풀어 보세요.

아래 숫자 중 하나를 넣어 식을 완성해 봐.
식을 모두 완성하면 지도가 있는 장소를 알려 줄게!
5, 10, 15, 25, 25, 30, 30, 35, 50, 50

$5 + \square = 30$ $35 + 15 = \square$

$15 + 15 = \square$ $25 + \square = 50$

$\square + 20 = 30$ $\square + 20 = 50$

$25 + \square = 40$ $45 + \square = 50$

$10 + \square = 45$ $50 + \square = 100$

2 지도 제작자의 제작대를 찾자

지도 제작자는 제작대에 삼림 탐험 지도를 놓아 두었다고 알려 주었어요. 제작대를 찾아 거래해요. 아래 이동 순서에 따라 이동하면 A~D 중 어느 제작대에 도착할까요?

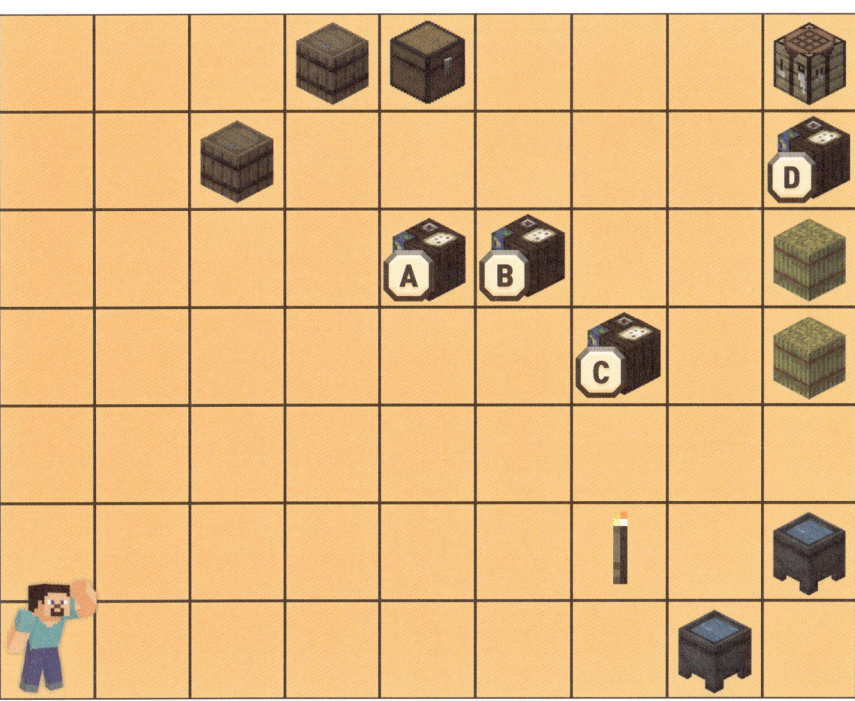

	아이콘
i	횃불
📦	상자
⚱	가마솥
🛢	통
🟨	건초 더미
⬛	제작대

이동 순서

① 가마솥이 있는 방향으로 2칸 이동해요.
② 통이 있는 방향으로 4칸 이동해요.
③ 건초 더미가 있는 방향으로 2칸 이동해요.

 **힌트!**
스티브가 있는 위치를 먼저 파악하고, 어디에 무엇이 있는지 확인해 보자!

답. **B**

 **지도 제작자를 여러 명 만나야 한다!**

탐험 지도는 삼림 대저택이나 바다 유적 같은 희귀한 장소를 찾는 데 유용하다. 지도 제작자 한 명과 여러 번 거래해도 같은 지도만 얻을 수 있다. 다른 삼림 대저택이나 바다 유적을 알아내고 싶다면, 다른 지도 제작자를 찾아 거래해야 한다.

미션 10

수학 규칙과 대응 | 넓이　**코딩** 문제 이해 | 알고리즘 이해

동굴에서 광석을 캐라!

삼림 대저택은 아주 멀리 떨어진 곳에 있어.
대저택을 향해 가는 길에 동굴이 보이면,
동굴에 들어가 광석을 채굴하자.
장비를 정리하고 필요한 도구를 만들고 가자!

미션 완료!

월　　일

1 횃불로 동굴을 밝히자

동굴을 안전하게 탐험하기 위해 횃불 📍로 주위를 밝게 비춰요. 횃불은 돌 블록 ▢을 2칸 앞까지 밝힐 수 있어요. 가장 적은 수의 횃불로 모든 돌 블록을 밝힐 수 있도록 횃불이 필요한 장소에 ○표를 해 보세요. 횃불은 몇 개 필요할까요?
단, 횃불이 밝히는 범위는 겹쳐질 수 있어요.

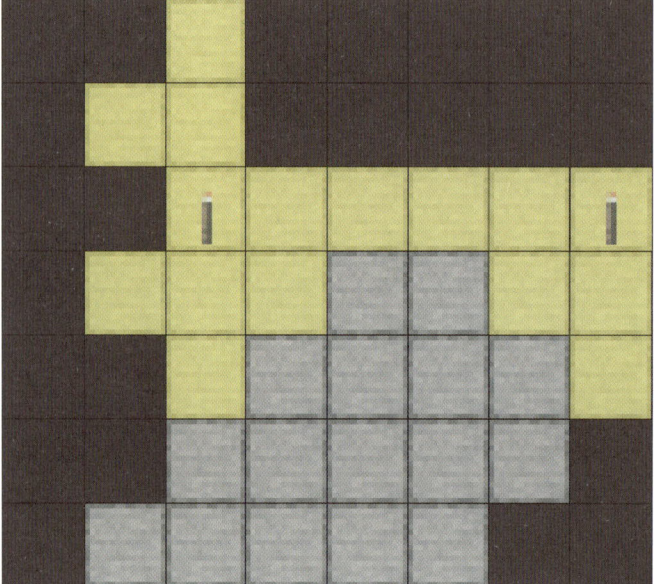

횃불이 밝히는 범위

횃불의 빛은 횃불을 중심으로 2칸까지 닿아요. 노란 칸은 빛이 닿아 있는 칸이에요.

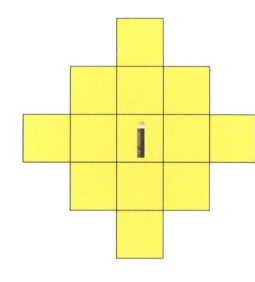

힌트!
왼쪽 아래의 돌 블록을 밝히기 위해 어디에 횃불을 놓아야 할까?

답. 횃불은 ☐ 개 필요해요.

2 광석을 캐며 이동하자

동굴에서 광석 블록을 발견했어요. 출발 지점에서 시작해서 곡괭이로 철광석→동광석→금광석의 순서로 부수며 이동해요. 도착하는 위치는 A~C 중 어디일까요? 단, 잔디 블록 ⬛은 지나갈 수 없어요.

마인크래프트 공략 방법: 광석을 블록으로 바꾸면 대량으로 옮길 수 있다!

광석을 곡괭이로 캐서 원석을 충분히 모았다면, 화로에 원석을 구워 주괴로 만든 다음 블록으로 만들자. 광석 블록도 쌓을 수 있으므로, 주변에 상자가 없더라도 대량으로 운반할 수 있다.

미션 11

수학 자연수의 덧셈과 뺄셈 코딩 알고리즘 이해 | 알고리즘 표현

동굴에서 몬스터와 결투하라!

동굴에서 광석을 채굴하다 몬스터와 만날 수도 있어. 그럴 때는 몬스터와의 갑작스러운 싸움을 피할 수 없을 거야. 몬스터를 쓰러뜨리며 채굴하기 좋은 큰 동굴을 향해 가자!

미션 완료!

월   일

1 올바른 계산식을 통과해 큰 동굴로 가자

어두운 동굴에서 몬스터가 습격해 오기도 해요. 몬스터가 내는 계산식에서 올바른 계산식이 있는 칸만 통과할 수 있어요. 계산식을 확인하며 큰 동굴을 향해 가요.

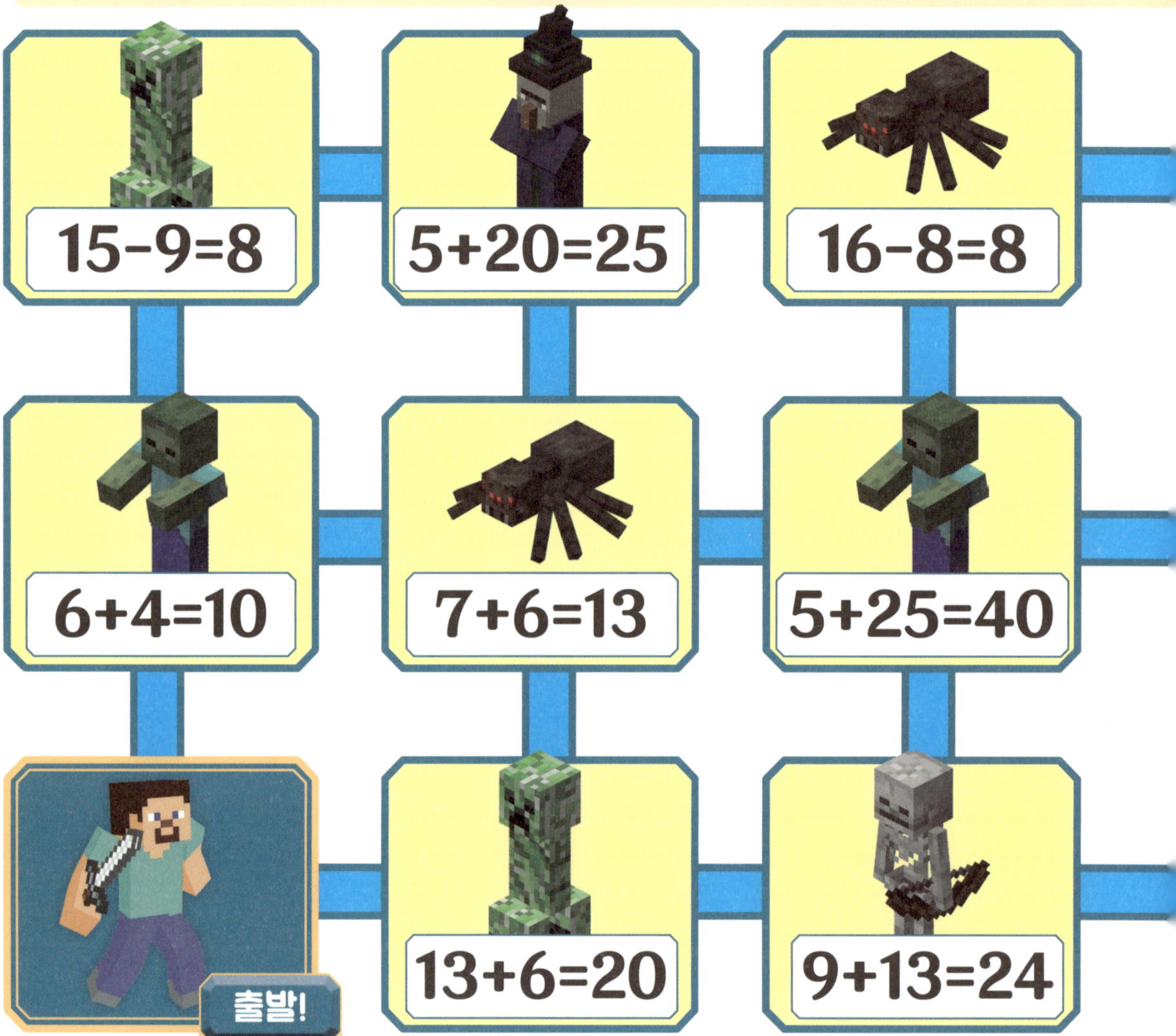

15-9=8	5+20=25	16-8=8
6+4=10	7+6=13	5+25=40
출발!	13+6=20	9+13=24

> **마인크래프트 공략 방법**
>
> ## 큰 동굴에서는 다이아몬드가 쉽게 발견된다!
>
> 다이아몬드 광석은 지하 깊은 곳에 있는 광석으로, 큰 동굴에서 쉽게 발견된다. 최근에는 Y좌표 -4부터 -65에서 쉽게 발견된다. 좌표는 설정된 좌표 표시 모드를 켜면 왼쪽 위에 표시된다.

| 5+8=13 — 11+6=17 | ○ 이동 가능! |
| 5+8=13 — 14+6=15 | ✗ 이동 불가능! |

12+8=20   7+19=23   50+40=90

15-6=9   5+35=45   15+25=40

21+9=30   15+11=26   24-7=17

미션 12

수학 쌓기나무 | 평면도형의 이동 **코딩** 자료의 수집 | 정보의 구조화

깊은 동굴에서 다이아몬드를 찾아라!

동굴의 깊은 곳까지 내려가면 다이아몬드 광석을 발견할 수 있어. 다이아몬드는 최강 장비를 만드는 재료가 되니, 많이 확보해 두도록 하자!

미션 완료!

월   일

1 다이아몬드 광석을 찾아 깊은 동굴로 가자

동굴 깊은 곳에 다이아몬드 광석이 있어요. 스티브가 있는 곳에서 다이아몬드 광석이 있는 위치까지 내려갈 수 있는 길을 찾아 선을 그어 보세요.

이동 규칙 한 번에 1블록의 높이만 내려갈 수 있어요.
앞뒤좌우에 블록이 있으면 이동할 수 있어요.

○ 이동 가능!   ○ 이동 가능!   X 이동 불가능!   X 이동 불가능!

다이아몬드 광석

2 다이아몬드 광석을 모으자

스티브는 A~C 중 한 가지 모양으로 한 번만 광석을 캘 수 있어요.
A~C 중 어떤 모양으로 캐야 다이아몬드 광석을 가장 많이 캘 수 있을까요?
다이아몬드 광석을 가장 많이 캘 수 있는 모양과 위치를 골라
아래 칸에 그려 보세요. 단, A~C는 회전할 수 있어요.

다이아몬드 광석

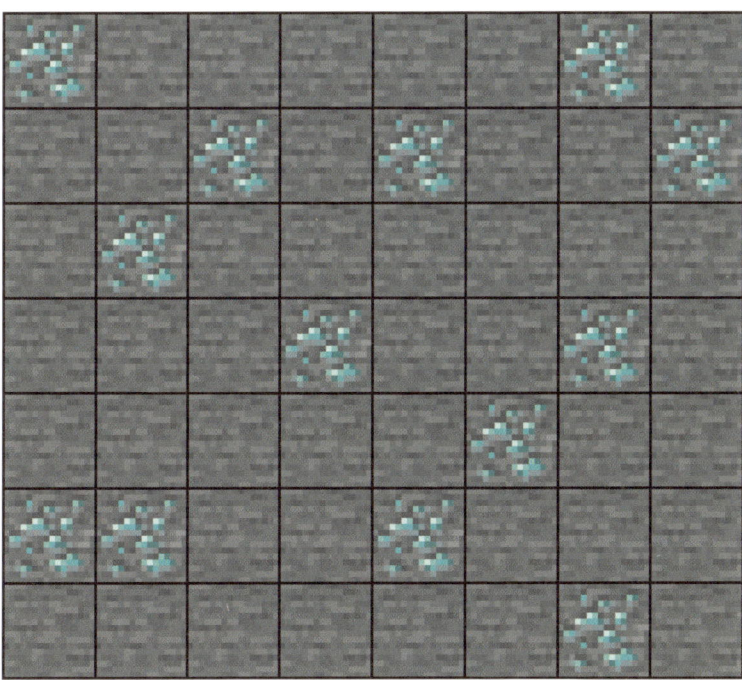

기회는 단 한 번!
캐는 범위 안에 많은
다이아몬드 광석이
들어가도록 하자!

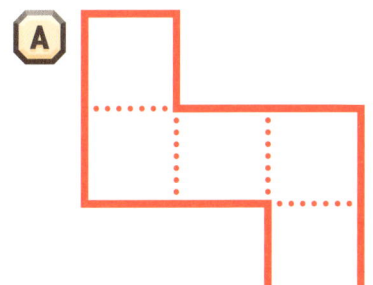
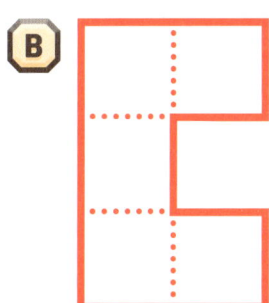
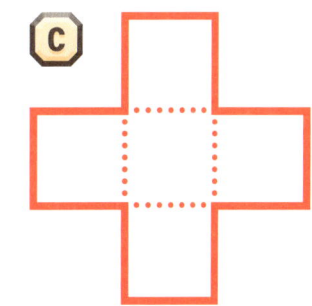

마인크래프트 공략 방법: 행운 마법을 부여하면 많은 광석을 얻을 수 있다!

행운 마법을 부여한 곡괭이로 다이아몬드 광석을 부수면 더 많은 다이아몬드를 얻을 수 있다. 최대 레벨인 행운 Ⅲ이 부여된 곡괭이가 있으면, 광석을 1개만 부수어도 다이아몬드를 최대 4개까지 얻을 수 있다.

미션 13

수학 공간 감각 | 자연수의 덧셈 코딩 문제의 이해 | 정보의 구조화

무성한 동굴을 모험하라!

발광 열매, 흘림잎, 이끼 등이 자라는 무성한 동굴을 찾아가자! 무성한 동굴에 서식하는 아홀로틀이 다른 몬스터를 공격해 줄 거야!

미션 완료!

월   일

1 흘림잎을 사용해 이동하자

도착 지점으로 가는 길에는 강이 있어요. 흘림잎 1장을 강에 띄우면 강 1칸을 건널 수 있어요. 도착 지점까지 가는 데 흘림잎이 적어도 몇 장 필요할까요? 단, 스티브는 대각선으로 이동하거나 물속에 들어갈 수 없어요.

 ○ 이동 가능!   ✕ 이동 불가능!   ✕ 이동 불가능!  ○ 이동 가능!

 흘림잎 — 강이 있는 칸에 띄우면 강을 건널 수 있어요.

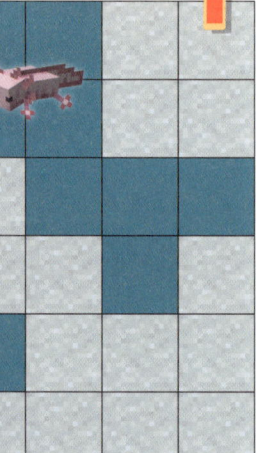

답. 흘림잎은 적어도 ☐ 장 필요해요.

2 아홀로틀의 수를 세어 보자

무성한 동굴에는 아홀로틀이 살고 있어요. 아홀로틀의 색은 분홍색, 금색, 청록색, 갈색, 파란색 5가지가 있어요. 다음 문제를 풀어 보세요.

1 아홀로틀은 모두 몇 마리일까요?

답. ☐ 마리

2 분홍색 아홀로틀과 금색 아홀로틀 중 어느 것이 많은가요?

답. ☐ 아홀로틀

3 갈색 아홀로틀과 파란색 아홀로틀을 더한 수와 같은 수의 아홀로틀은 무엇인가요?

답. ☐ 아홀로틀

마인크래프트 공략 방법: 파란색 아홀로틀은 아주 희귀하다!

파란색 아홀로틀은 교배시켜 태어날 때만 아주 낮은 확률로 생성된다.
파란색 아홀로틀이 생성될 확률은 약 1,200분의 1이다.

미션 14 · 늪을 모험하라!

수학 | 배수 | 자연수의 덧셈 | 입체도형   코딩 | 알고리즘 이해 | 정보의 구조화

동굴을 무사히 빠져나와 늪에 도착했구나!
늪에서 희귀 몬스터인 슬라임을 만날 수 있을 거야.
슬라임에게서 동물을 묶어 데리고 올 수 있는 끈의
재료인 슬라임볼을 구할 수 있어.

미션 완료!

월   일

1 분열하는 슬라임을 쓰러뜨리자

슬라임은 대형 슬라임→중형 슬라임→소형 슬라임 순서로 분열하면서 늘어나요.
다음 문제를 풀어 보세요.

슬라임은 분열한다.

대형 슬라임 → (1마리당 2~4마리로 분열) → 중형 슬라임 → (1마리당 2~4마리로 분열) → 소형 슬라임

1 대형 슬라임 2마리(A와 B)가 나타났어요. 대형 슬라임A는 중형 슬라임 2마리로 분열하고, 중형 슬라임 2마리는 각각 소형 슬라임 2마리로 분열했어요.
대형 슬라임B는 중형 슬라임 3마리로 분열하고, 중형 슬라임 3마리는 각각 소형 슬라임 2마리로 분열했어요. 소형 슬라임은 모두 몇 마리가 될까요?

답. ☐ 마리

2 대형 슬라임C가 나타났어요. 대형 슬라임C는 중형 슬라임 4마리로 분열했어요.
중형 슬라임 중 2마리는 각각 소형 슬라임 4마리로 분열하고, 나머지 2마리는 각각
소형 슬라임 3마리로 분열했어요. 대형 슬라임C는 소형 슬라임 몇 마리로 분열했을까요?

답. ☐ 마리

2 버섯 블록을 맞추자

늪에는 거대한 버섯이 자라고 있어요. 하지만 버섯의 한쪽 모서리가 떨어져 있어요.
떨어져 있는 부분에 A~C 중 어느 블록을 끼우면 맞을까요?

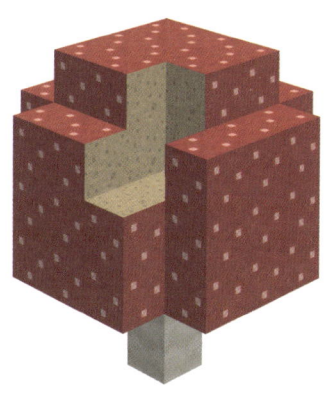

완성된 버섯

A

B

C

 힌트!
떨어진 모서리에 맞는 블록을 끼우면 전체 색깔이 같아져!

답.

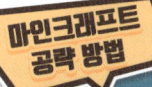
마인크래프트 공략 방법

슬라임은 보름달이 떴을 때 가장 많이 생성된다!

슬라임은 찾기 어려운 몬스터지만, 보름달이 떴을 때 가장 많이 생성된다. 슬라임볼은 끈, 끈끈이 피스톤, 마그마 크림 등 중요한 아이템의 재료가 된다. 늪에 도착하면 슬라임볼을 많이 모아 보자!

미션 15

수학 | 자연수의 덧셈과 뺄셈 | 시간의 계산 | 코딩 | 알고리즘 이해 | 핵심요소 추출

거북 알을 보호하고 부화시켜라!

해변에 도착해서 우연히 거북 알을 발견했어. 기다리면 아기 거북이 태어날 거야. 그런데 좀비들이 거북 알을 깨려고 몰려들고 있어. 좀비의 공격으로부터 거북 알을 지켜 거북을 부화시키자!

미션 완료!

월   일

1 좀비를 물리쳐 거북 알을 보호하자

좀비가 내는 문제를 풀면 좀비를 물리칠 수 있어요. 아래 계산식의 빈칸에 답을 적어요. 또, 아래의 문제 답 중 가장 작은 수와 가장 큰 수를 찾아보세요.

25+13=☐

39-6=☐

27+10=☐

35+8=☐

40-8=☐

좀비가 거북 알을 깨러 몰려들고 있어!

답. 가장 작은 숫자는 ☐

답. 가장 큰 숫자는 ☐

2 거북을 부화시키자

아기 거북을 키우면 거북의 등껍질을 얻을 수 있어요. 거북 알이 부화해서 아기 거북이 되려면 40분이 걸려요. 태어난 아기 거북이 거북으로 성장하려면 20분이 걸려요. 다음 문제를 풀어 보세요.

거북이 성장하는 데 걸리는 시간

1 거북 알이 부화해서 아기 거북이 태어나고, 아기 거북이 거북으로 성장했어요. 이렇게 성장한 거북은 바로 알을 낳을 수 있어요. 알에서 부화해서 성장한 거북이 알을 낳고, 이 알이 부화해서 거북으로 성장할 때까지 모두 몇 분이 걸릴까요?

답. 합해서 ☐ 분이 걸려요.

2 아기 거북에게 해초 1개를 주면, 거북으로 성장하는 데 걸리는 시간이 2분 줄어요. 아기 거북에게 해초 3개를 주면, 알에서 거북으로 성장할 때까지 몇 분이 걸릴까요?

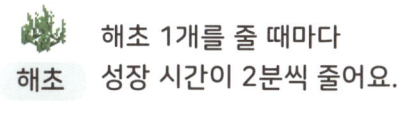

해초 1개를 줄 때마다 성장 시간이 2분씩 줄어요.

답. ☐ 분이 걸려요.

마인크래프트 공략 방법: 거북의 등껍질로 거북 등딱지를 만들 수 있다!

거북의 등껍질 5개로 거북 등딱지라는 갑옷을 만들 수 있다. 거북 등딱지를 머리에 착용하면 물속에서도 수중 호흡 상태 효과가 부여된다. 물속에서 활동하는 데 필요한 아이템이다.

미션 16

수학 | 규칙과 대응 | 자연수의 덧셈   코딩 | 자료의 수집 | 정보의 구조화

돌고래를 따라 난파선을 탐험하라!

물속에서는 적대적 몬스터의 공격을 조심해야 해. 몬스터를 공격해 주는 전달체가 있으면 안전할 거야. 전달체를 만들기 위해 바다의 심장이 어디 있는지 알아내야 해. 돌고래를 따라가 보물 지도를 구하자!

미션 완료!

월   일

1 돌고래를 따라 난파선을 향해 가자

돌고래의 안내를 받아 난파선을 향해 가요. 생대구를 3칸마다 잡아야 해요. 단, 같은 칸은 한 번만 통과할 수 있어요.

 생대구

도착!

출발!

2 보물 지도가 들어간 상자를 찾자

난파선에서 4개의 상자를 발견했어요. 상자의 조건 3가지에 모두 맞는 상자를 열면 보물 지도가 들어 있어요. 보물 지도는 A~D 중 어느 상자에 들어 있을까요?

- 종이
- 깃털
- 금 주괴
- 다이아몬드
- 나침반

상자의 조건

① 종이가 깃털보다 많이 들어 있어요.

② 금 주괴가 3개, 다이아몬드가 1개 들어 있어요.

③ 나침반이 가장 왼쪽 열에 들어 있어요.

답. 보물 지도가 들어 있는 상자는 ☐ 예요.

마인크래프트 공략 방법: 돌고래는 끈으로 묶어 집에 데려올 수 있다!

돌고래는 끈을 사용해서 근거지로 데려올 수 있다. 다만, 끈으로 잡아당기면 육지로도 데려올 수 있지만 가까이에 해변이 없으면 돌고래가 질식하니 주의해야 한다.

미션 17

수학 자연수의 덧셈과 뺄셈 | 수의 크기 비교   코딩 자료의 수집 | 정보의 구조화

바다에서 드라운드와 결투하라!

난파선 밖으로 나오니 드라운드가 다가오고 있어! 드라운드를 쓰러뜨리면 마법이 부여된 강력한 삼지창을 얻을 수 있어. 하지만 드라운드는 강력한 몬스터니 조심하도록 해!

미션 완료!

월   일

1 동물과 몬스터의 수를 세어 보자

난파선 주위에는 많은 동물과 드라운드가 헤엄치고 있어요. 다음 문제를 풀어 보세요.

1 오징어 와 발광 오징어 는 합하여 몇 마리일까요?

답. ☐ 마리

2 삼지창을 가진 드라운드 는 삼지창이 없는 드라운드 , 보다 몇 마리 적을까요?

답. ☐ 마리

3 동물 , , 과 드라운드 , , 중 어느 쪽이 몇 마리 더 많을까요?

답. ☐ 이/가 ☐ 마리 많아요.

2 드라운드를 쓰러뜨리자

난파선 밖으로 나오자 드라운드가 습격해 왔어요. 아래에 2개 또는 3개로 나뉘어 있는 수를 모두 더해서 드라운드가 가지고 있는 수가 되어야 해요. ☐ 에 적절한 수를 넣어 보세요.

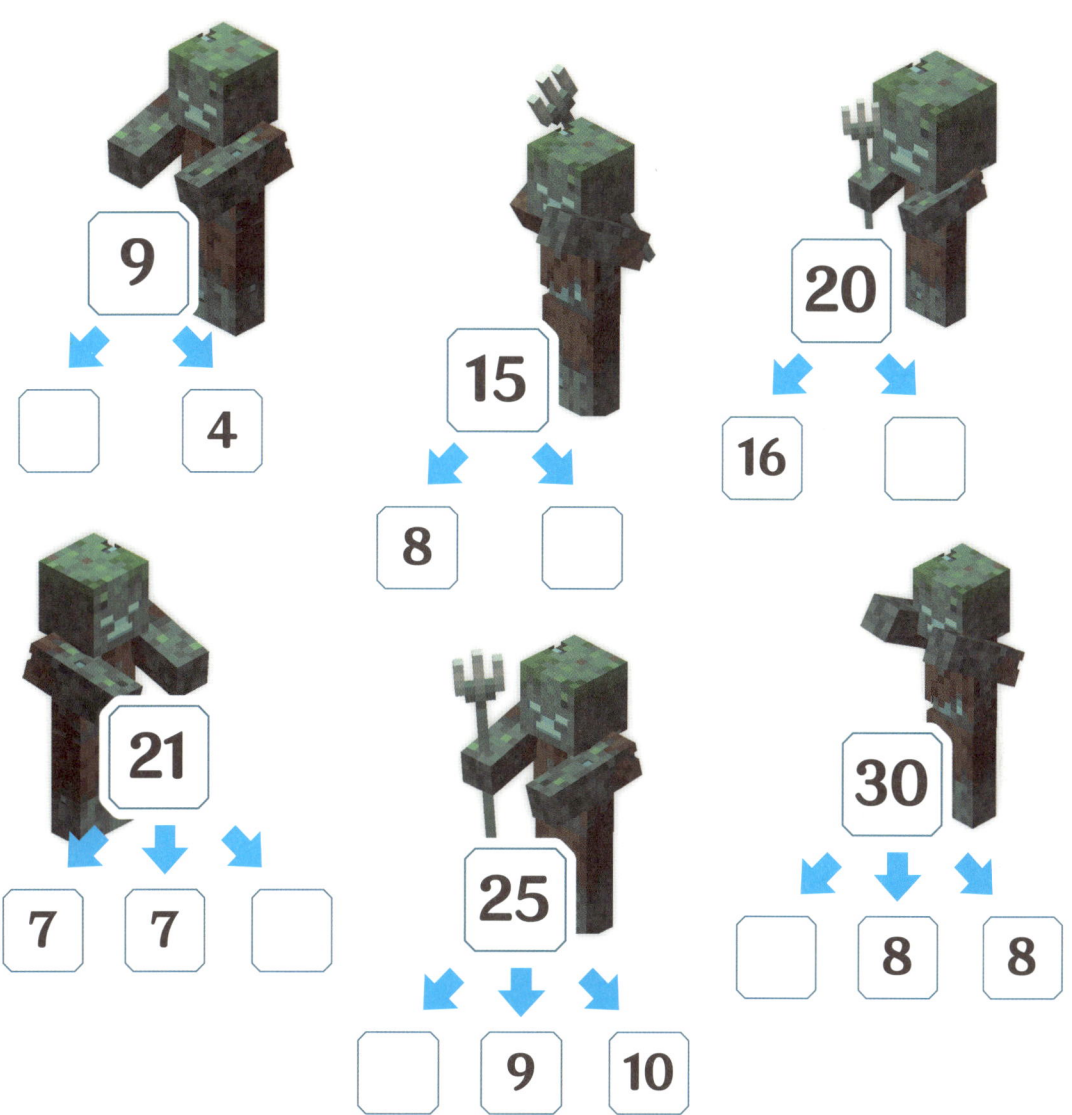

마인크래프트 공략 방법
드라운드에게 삼지창을 얻을 수 있다!

삼지창은 먼 거리에서 공격할 수 있는 강력한 무기이다. 삼지창을 들고 있는 드라운드를 쓰러뜨리면 삼지창을 얻을 수 있다. 희귀 아이템이므로 삼지창을 가지고 있는 드라운드를 발견하면 쓰러뜨려 삼지창을 획득해 보자.

미션 18

수학 도형의 합동 **코딩** 문제 이해 | 핵심요소 추출

사막에서 피라미드를 찾아라!

넓은 사막을 돌아다니다 보면 피라미드를 발견할 수 있어. 마을과 비슷하게 생겼으니 자세히 보아야 해. 피라미드에 보물 상자가 있다는 소문이 있으니 피라미드를 찾아보자.

미션 완료!

월   일

다른 그림을 찾으면서 관찰력을 기를 수 있어!

어려우면 친구, 가족과 함께 풀어 보자!

1 피라미드에서 다른 그림을 찾자

사막을 돌아다니다가 2개의 피라미드를 발견했어요. 하지만 한쪽은 아무래도 환영인 것 같아요. 환영 피라미드는 보통의 피라미드와는 차이점이 7개가 있어요. 두 그림을 비교해 보고 다른 곳을 찾아 ○표를 해 보세요.

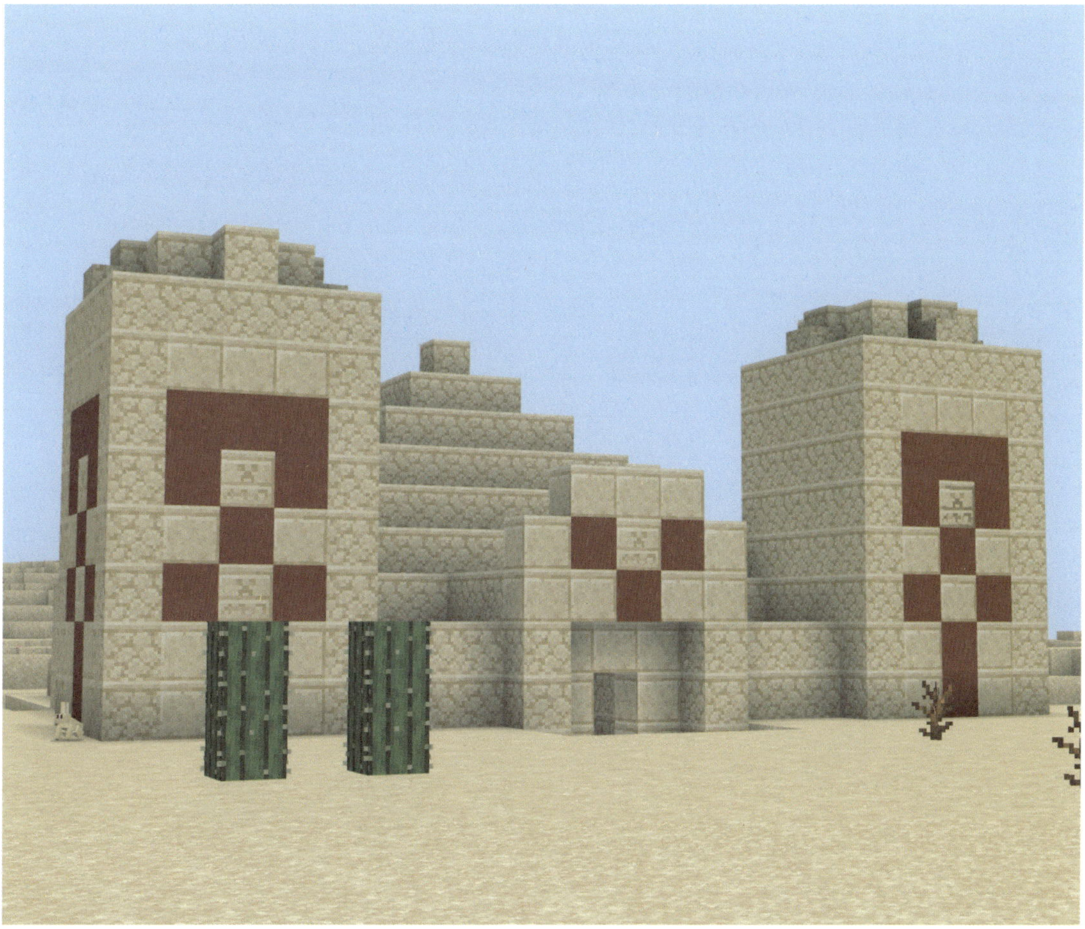

피라미드에 수상한 모래 블록이 있다!

피라미드에서 드물게 수상한 모래라는 블록을 발견할 수 있다. 수상한 모래 블록에서 브러시로 모래 블록을 털어 내면, 도자기 조각 같은 희귀 아이템이 나오기도 한다. 수상한 모래 블록은 보통의 모래 블록과 상당히 비슷해서 구분하기 어렵다.

미션 19

수학 평면도형의 이동 | 규칙 찾기 코딩 문제 이해 | 알고리즘 이해

피라미드에서 보물 상자를 구하라!

피라미드 안에 들어가면 가운데 있는 파란색 테라코타 아래 넓은 방이 있어. 그곳에 보물 상자가 있어. 함정이 있으니 조심하며 보물 상자를 구하러 가자!

미션 완료!

월   일

1 조각을 맞춰 방을 수리하자

피라미드의 넓은 방은 바닥이 일부분 부서져 있어요. 흰색 칸은 부서진 부분이에요. 조각 A~E을 맞춰 바닥을 수리하려고 해요. 넓은 방에 조각의 모양을 선으로 그려서 맞춰 보아요. 단, A~E 조각은 회전할 수 없어요.

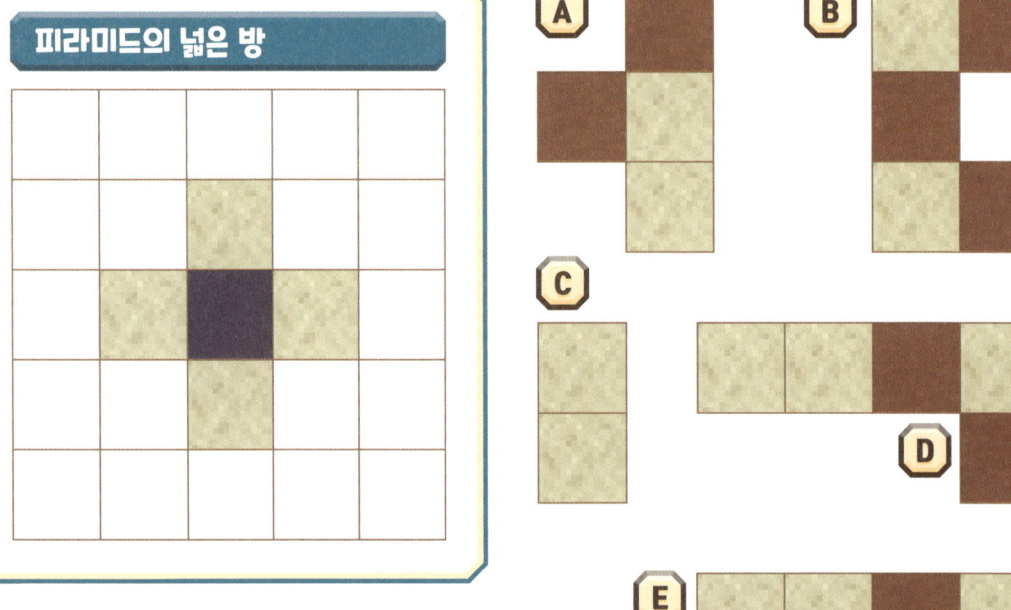

피라미드의 넓은 방

힌트!

큰 조각부터 맞춰 보자! 넓은 방을 완성하면 규칙적인 패턴이 완성될 거야!

46

2 규칙을 알아내서 보물 상자를 얻자

피라미드의 넓은 방에 숫자 소용돌이가 있어요. 숫자가 규칙적으로 배열되어 있고 비어 있는 칸이 있어요. 이 빈칸에 알맞은 숫자를 적으면 보물을 얻을 수 있어요. 규칙을 알아내서 숫자를 적어 보세요.

 힌트!

숫자가 늘어나는 방식에 일정한 규칙이 있어!

마인크래프트 공략 방법 — 피라미드의 방에 함정이 있다!

피라미드 가운데에 있는 파란색 테라코타를 부수면 숨겨진 방으로 내려갈 수 있다. 방에는 감압판과 4개의 상자가 있다. 방에 들어가다가 감압판을 밟으면, 폭발해서 상자를 잃고 큰 피해를 입을 수 있으니 주의하자.

미션 20

수학 규칙과 대응 | 길이 **코딩** 문제 이해 | 정보의 구조화

낙타를 타고 사막을 모험하라!

사막을 모험할 때 낙타를 타면 편리하단다. 낙타는 높이 점프할 수 있고 플레이어를 2명까지 태울 수 있어. 사막 마을에 가서 주민을 만나 낙타를 얻어 보자.

미션 완료!

월   일

1 주민이 줄 낙타를 찾자

사막 마을의 주민들이 낙타를 1마리 주겠다고 했어요. 주민들이 주려는 낙타는 A~D 중 어느 낙타일까요? 주민들의 대화를 읽고 찾아보세요.

저기 서 있는 낙타를 주겠소. 저 낙타는 고양이와 사이가 좋아 언제나 함께 있소! 안장은 채우지 않았으니 당신들이 가지고 있는 안장을 채우도록 하시오.

힌트! 안장은 동물의 등에 얹어 사람이 타기 편하게 만든 도구야!

답. ☐

A   B

C   D

2 낙타를 타고 사막을 빠져나가자

주민에게 받은 낙타를 타고 도착 지점을 향해 가요. 낙타는 선인장이 있는 칸은 지나갈 수 없어요. 단, 물이 있는 칸은 1칸씩 뛰어넘을 수 있어요. 가장 짧은 길을 선으로 그려 보세요.

이동 규칙 6개의 방향으로 이동할 수 있어요. 선인장이 있는 칸은 지나갈 수 없어요. 물이 있는 칸은 1칸만 점프할 수 있어요.

○ 이동 가능!

○ 이동 가능!

✗ 이동 불가능!

✗ 이동 불가능!

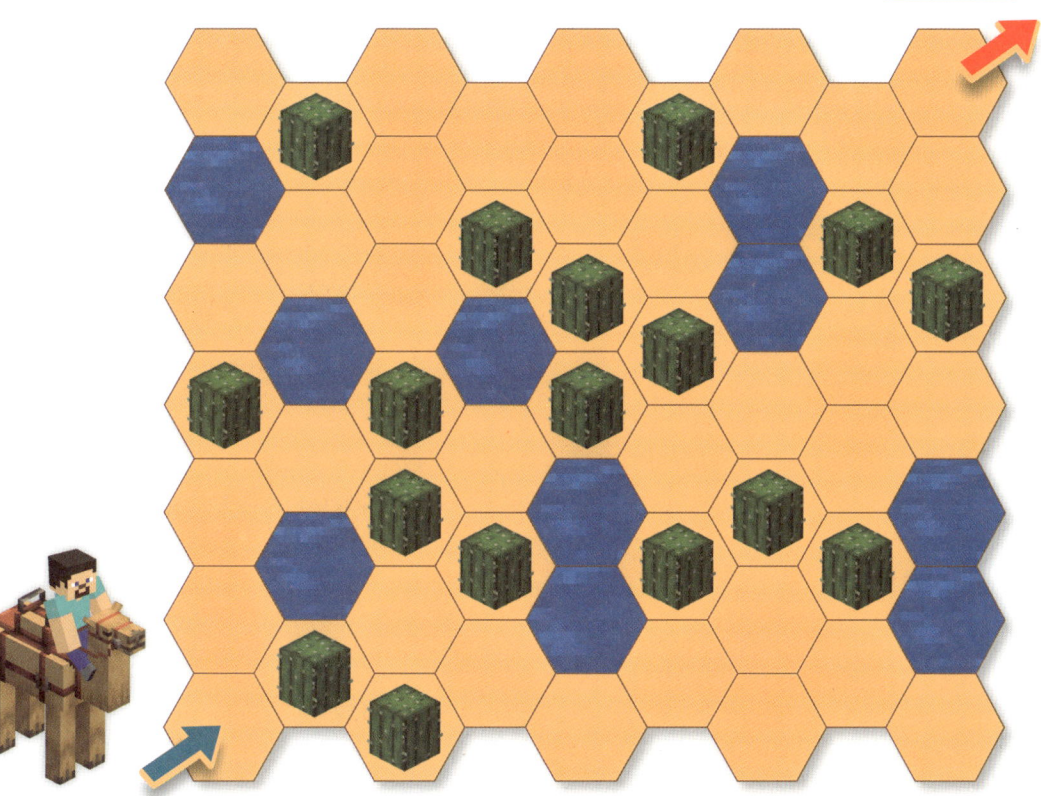

도착!

출발!

미션 21

수학 | 직선 | 규칙과 대응 | 공간 감각 코딩 | 자료의 수집 | 정보의 구조화

숲에 숨겨진 대저택을 찾아라!

어두운 숲에 들어왔어. 숲 깊은 곳에 삼림 대저택이 숨어 있을 거야.
지도 제작자에게 얻은 삼림 탐험 지도를 꺼내 대저택의 위치를 알아내 찾아가자!

미션 완료!

월   일

1 탐험 지도에서 삼림 대저택을 찾자

아래의 대저택 찾는 방법을 따라 선을 그어 삼림 대저택의 위치를 찾아보세요.
삼림 대저택은 A~D 중 어디에 있을까요?

대저택 찾는 방법

① 자를 사용하여 민들레 와 양귀비 를 선으로 연결해요.

② 자를 사용하여 튤립 과 은방울꽃 을 선으로 연결해요.

③ 삼림 대저택은 ①의 선보다 아래, ②의 선보다 위에 있어요.

답.

2 삼림 대저택을 향해 이동하자

대저택은 어두운 숲 깊은 곳에 있어요. 동물의 이름이 '1글자→2글자→3글자→4글자→1글자→2글자→3글자→4글자→……'의 순서가 되는 길을 따라 도착 지점을 향해 가요.

1글자	2글자	3글자	4글자
 소 　 벌	 돼지 　 여우	 앵무새	 야생늑대

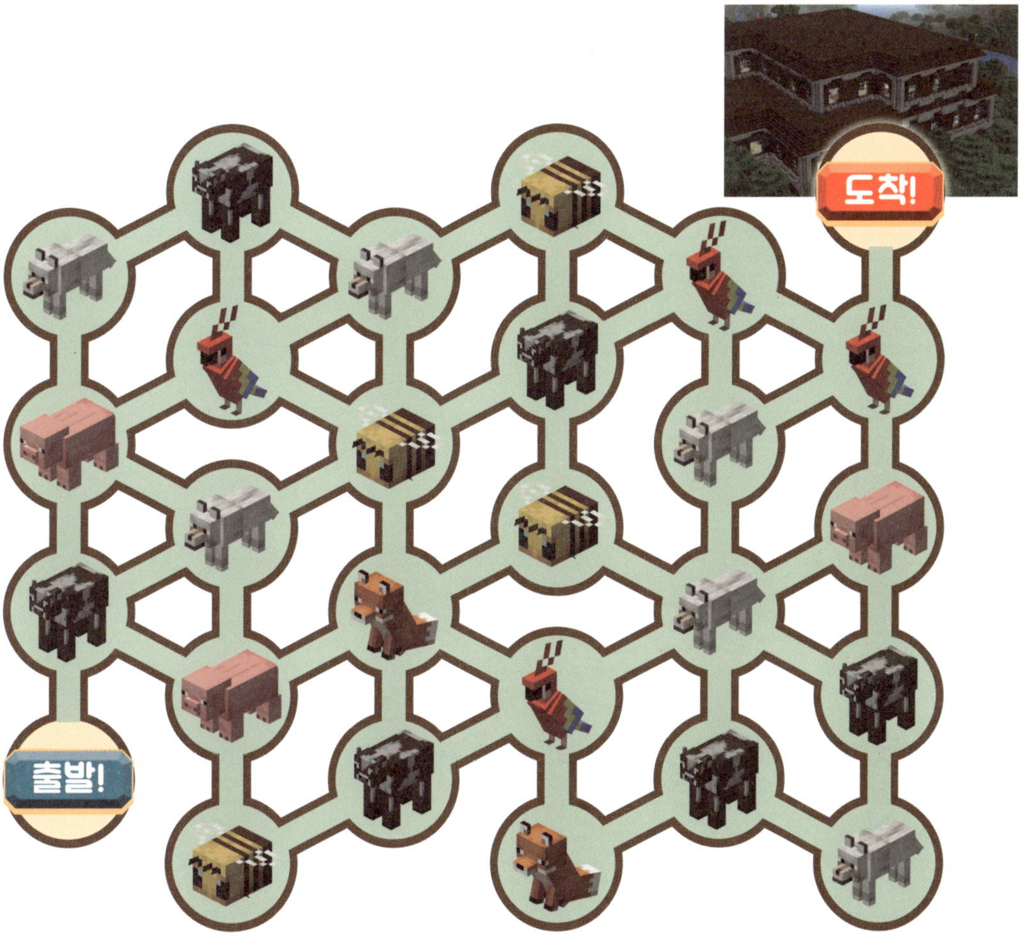

마인크래프트 공략 방법
삼림 대저택이 불타지 않게 할 수 있다!

삼림 대저택은 나무로 만들어졌으므로 용암이 흐르면 불이 붙을 수 있다. '설정(Options) → 게임 설정 → 세계 설정'에서 '불의 연소'를 'OFF'로 해 두면 불에 타는 것을 막을 수 있다.

미션 22

수학 | 자연수의 덧셈 | 평면도형의 이동   코딩 | 문제 이해 | 핵심요소 추출

삼림 대저택을 탐색하라!

삼림 대저택은 3층이고 방이 50개나 있어. 거대한 건물 곳곳에서 몬스터가 나타날 거야. 변명자와 소환사라는 무시무시한 몬스터도 만날 수 있으니 조심하며 탐색하자!

미션 완료!

월   일

1 습격해 오는 몬스터를 쓰러뜨리자

대저택의 몬스터를 검으로 쓰러뜨려요. 검의 공격력은 하트의 개수로 알 수 있어요. 공격 1회에 검의 공격력만큼 몬스터의 HP가 줄어요. 다음 문제를 풀어 보세요.

철 검   공격력: ♥♥♥

다이아몬드 검   공격력: ♥♥♥♥♥

변명자   크리퍼   벡스

HP: ♥♥♥♥♥♥♥♥   HP: ♥♥♥♥♥♥   HP: ♥♥♥♥♥♥♥

1 철 검으로 변명자, 크리퍼, 벡스를 1마리씩 쓰러뜨리려면 총 몇 번 공격해야 할까요?

답. ☐ 번

2 변명자를 쓰러뜨리다가 철 검이 부서졌어요. 다이아몬드 검으로 크리퍼와 벡스를 1마리씩 쓰러뜨리려면, 몇 번을 공격해야 할까요?

답. ☐ 번

2 소환사의 방을 찾아가자

불사의 토템을 가진 소환사의 방을 발견했어요. A~C 중에서 소환사의 방과 같은 그림을 찾아보세요. 단, A~C는 회전되어 있으므로 배열된 도구를 비교해 보아요.

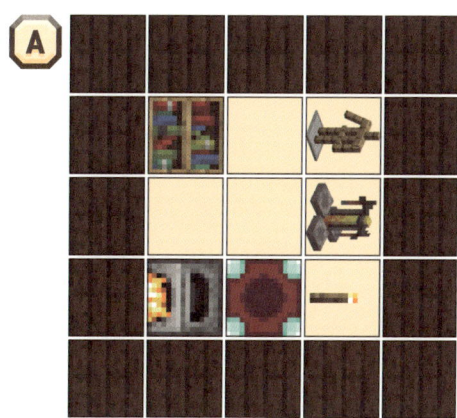

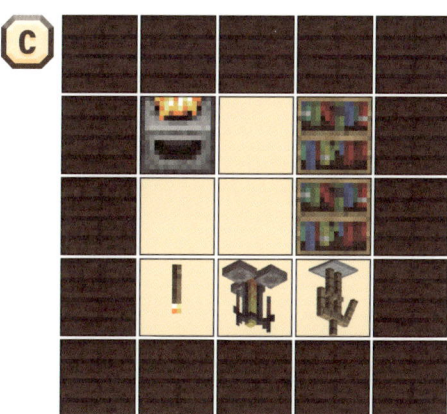

답. ☐ 가 소환사의 방과 같아요.

마인크래프트 공략 방법 — 삼림 대저택에 숨겨진 방이 있다!

삼림 대저택에 쉽게 찾을 수 없는 방이 있다. 이 방은 건물 안쪽에서 찾을 수 없고, 바깥쪽에서 찾을 수 있다. 숨겨진 방의 천장을 부수면 상자나 보물을 발견할 수 있을 것이다.

미션 23

수학 | 세 수의 덧셈과 뺄셈 | 공간 감각   코딩 | 문제 이해 | 알고리즘 이해

소환사를 쓰러뜨려라!

삼림 대저택에서 만날 수 있는 소환사는 불사의 토템이라는 아이템을 가지고 있어. 한 번 부활할 수 있게 해 주는 희귀 아이템이야. 불사의 토템을 구하기 위해 소환사와 결투하자!

미션 완료!

월   일

1 송곳니를 피하자

소환사는 마법 주문을 사용해 땅에서 거대한 송곳니가 솟아나는 공격을 해요. 송곳니는 주위의 칸까지 모두 물어뜯어요. 송곳니에 물어뜯기지 않도록 주의하면서 소환사가 있는 곳까지 가는 길을 찾아 선을 그어요.

송곳니의 공격 범위

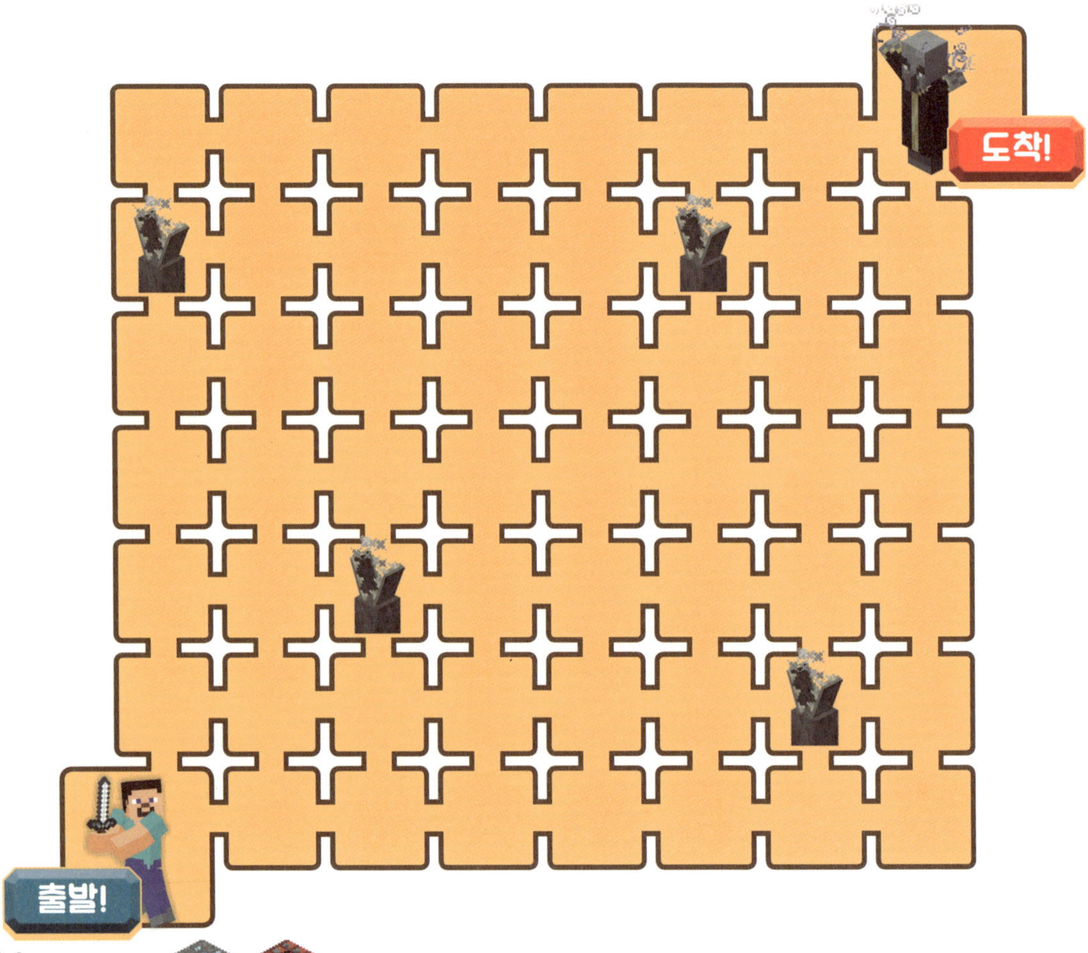

2 마법을 쓰는 소환사와 결투하자

불사의 토템을 손에 넣기 위해서는 마법을 쓰는 소환사를 쓰러뜨려야 해요. 소환사는 소환 마법으로 벡스라는 날개 달린 몬스터를 소환해서 공격해요. 벡스와 소환사가 내놓은 계산 문제를 모두 풀어서 쓰러뜨려 보세요.

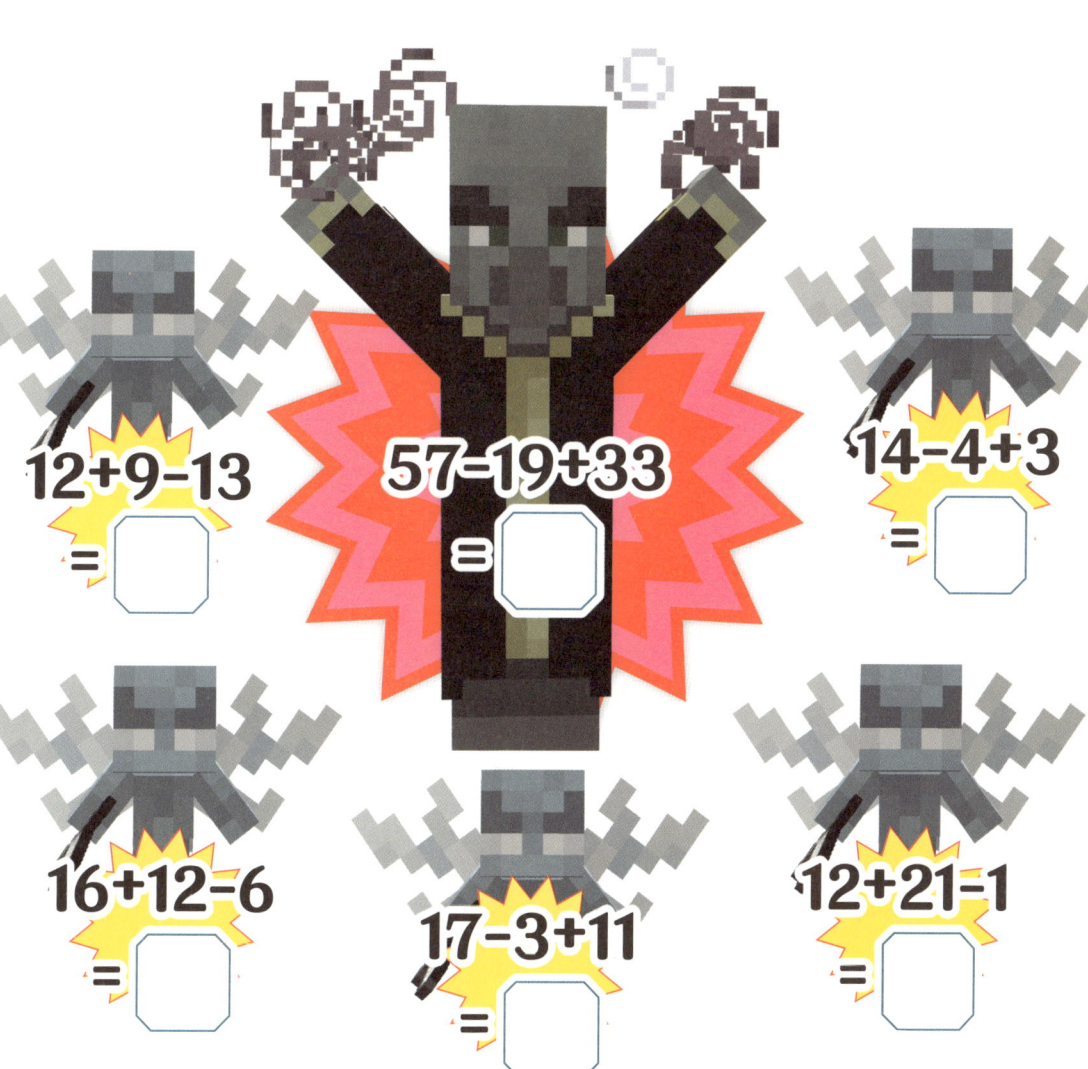

- 12+9-13 =
- 57-19+33 =
- 14-4+3 =
- 16+12-6 =
- 17-3+11 =
- 12+21-1 =

마인크래프트 공략 방법 — 소환사는 파란색 양을 싫어한다!

소환사는 근처에 파란색 양이 있으면 마법으로 빨간색 양으로 바꿔 버리는 특이한 특성이 있다. 소환사가 전투에 참여하고 있을 때는 양의 색깔을 바꾸는 마법을 쓰지 않는다. 크리에이티브 모드로 변경하고 소환사 근처에 파란색 양을 데려가면 이 모습을 볼 수 있다.

미션 24

수학 | 도형의 합동 | 평면도형의 이동 | 자연수의 덧셈 코딩 | 자료의 수집 | 핵심요소 추출

대저택에 갇힌 요정 알레이를 구하라!

삼림 대저택에는 감옥이 있어. 감옥에 알레이라는 날아다니는 몬스터가 갇혀 있단다. 알레이는 우호적인 몬스터라서 집으로 데려와 기를 수도 있어. 알레이를 찾아 구출하자!

미션 완료!
월   일

1 열쇠 구멍에 맞는 모양을 찾자

삼림 대저택에서 알레이가 갇혀 있는 감옥을 찾았어요. 감옥은 열쇠로 잠겨 있어요. 아래 A~F 조각에서 2개의 조각을 조합해서 열쇠 구멍에 맞는 모양을 만들면 감옥의 문이 열려요. 2개의 조각은 어느 것일까요?

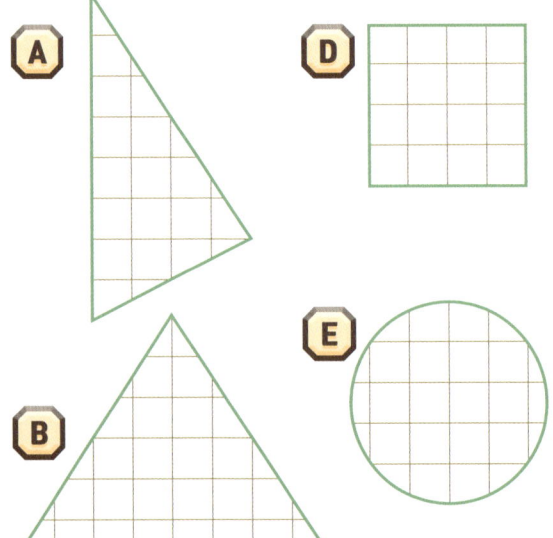

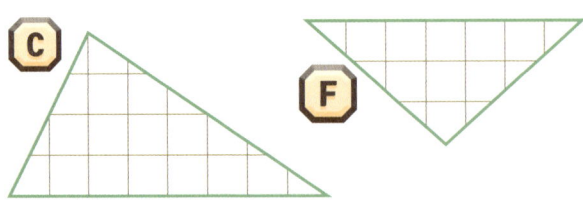

힌트! 조각은 회전시킬 수 있어!

답. ☐ , ☐ 의 조합

2 알레이가 주는 아이템의 수를 세어 보자

알레이 3마리를 구출했어요. 알레이에게 감사의 인사로 여러 가지 아이템을 선물 받았어요. 다음 문제를 풀어 보세요.

1 3마리의 알레이가 가져온 횃불 의 총 몇 개일까요?

답. ☐ 개

2 알레이 A와 C가 가져온 사과 🍎와 횃불 의 수를 합치면 총 몇 개일까요?

답. ☐ 개

3 알레이 A와 B가 가져온 나무판자 ⬛의 수를 비교하면 어느 쪽이 몇 개 많을까요?

답. ☐ 가 ☐ 개 많아요.

4 알레이 C가 가져온 에메랄드 🟢의 수는 A와 B가 가져온 에메랄드의 수보다 각각 몇 개 많을까요?

답. C의 에메랄드는 A보다 ☐ 개 많아요.

답. C의 에메랄드는 B보다 ☐ 개 많아요.

마인크래프트 공략 방법: 알레이를 복제해서 늘릴 수 있다!

알레이는 음악을 좋아해서 주크박스로 음악을 틀어 주면 춤을 춘다. 춤추고 있는 알레이에게 자수정 조각을 주면 놀랍게도 알레이가 또 다른 알레이를 생성해서 2마리가 된다.

미션 25

수학 | 평면도형의 이동 | 도형의 합동 | 공간 감각   코딩 | 문제 이해 | 정보의 구조화

지하 세계 네더로 출발하라!

히든 보스 위더와 결투할 시간이 다가오고 있어. 결투를 위해 마법 부여와 물약이 필요할 거야. 아이템을 만들 재료를 구하러 네더 차원문을 만들고, 네더로 이동하자!

미션 완료!

월   일

1 네더 차원문을 만들자

네더로 가기 위해 네더 차원문이 필요해요. 네더 차원문은 흑요석을 사용하여 직사각형 모양으로 제작해요. 세로 3블록, 가로 2블록으로 만들면 돼요. 아래 A~D 조각 중 3개를 조합해 네더 차원문을 만들 수 있어요. 필요한 조각 3개를 골라 보세요.

네더 차원문

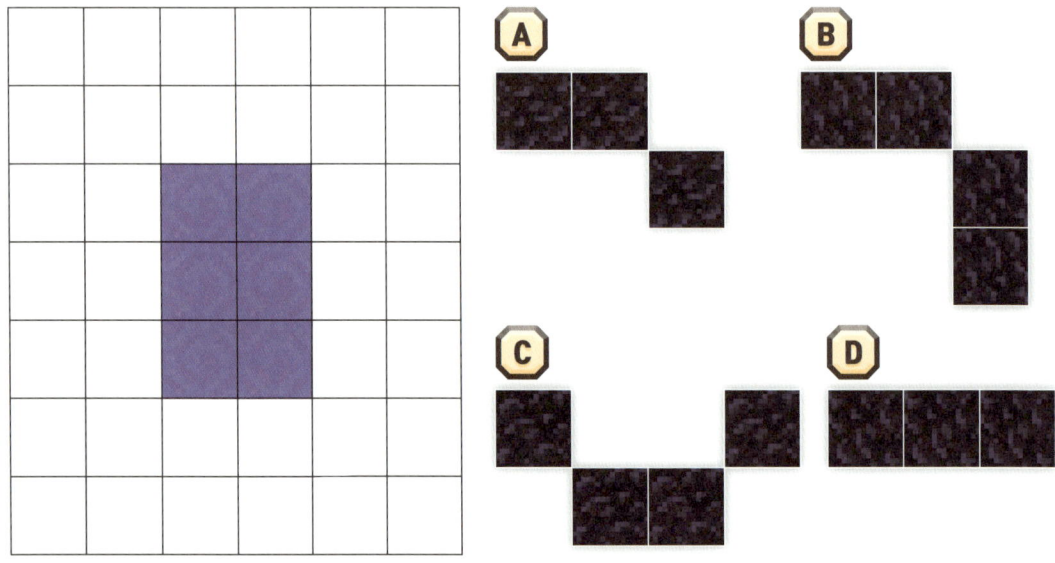

힌트!

먼저 왼쪽 칸부터 맞춰 넣은 후 나머지 조각을 찾아보자. 조각은 회전할 수 있어!

답. 필요한 조각은 ☐, ☐, ☐ 예요.

2 스트라이더를 타고 용암 지대를 건너자

네더에 도착하면 용암 바다가 펼쳐져 있어요. 네더에서 스폰되는 스트라이더에 올라타면 용암 바다를 건널 수 있어요. 스트라이더에 올라타 도착 지점까지 이동해요. 스티브의 이동은 파란색으로, 스트라이더의 이동은 빨간색으로 구분해서 표기해 보세요.

스트라이더

이동 규칙

스티브는 지면 ▢으로만 걸을 수 있지만, 스트라이더에 올라타면 용암 ▨도 건널 수 있어요. 스트라이더는 상하좌우 어느 방향으로도 이동할 수 있지만, 이동을 시작하면 방향을 바꿀 수 없어요. 지면에서는 언제든 스트라이더에서 내릴 수 있고, 한 번 내리면 같은 스트라이더에 다시 올라탈 수 없어요.

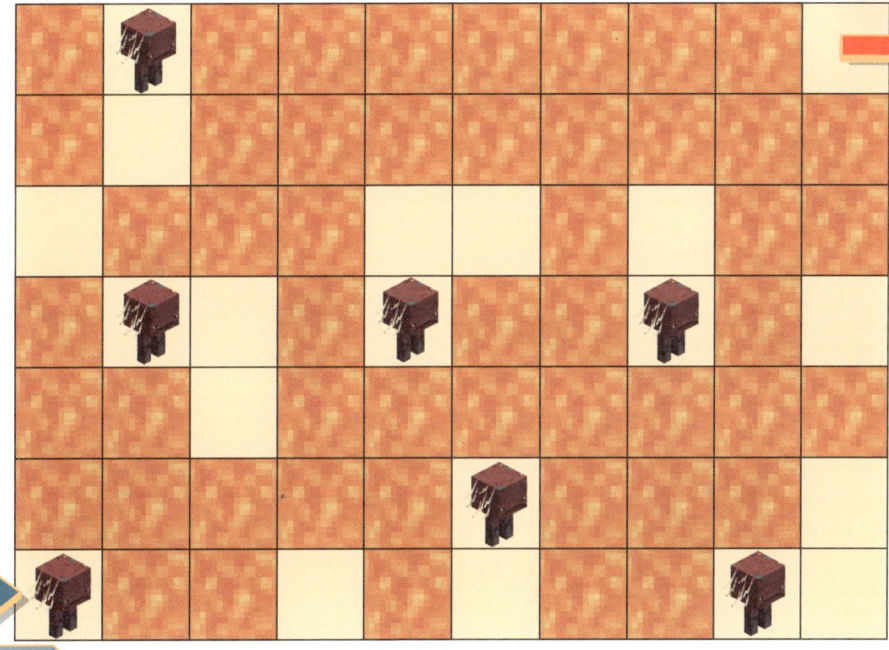

스트라이더에 올라타려면 필요한 아이템이 있다!

스트라이더에 올라타기 위해서는 스트라이더에게 안장을 채워야 한다. 그런데 안장만으로는 스트라이더를 조종할 수 없다. 뒤틀린 균 낚싯대를 들고 올라타면 자유롭게 스트라이더를 조종할 수 있다.

미션 26

수학 | 자연수의 덧셈 | 공간 감각 | 코딩 | 문제 이해 | 알고리즘 이해

네더의 몬스터를 쓰러뜨려라!

네더는 오버월드와는 다른 다양한 몬스터가 나타날 거야. 특히 네더의 원주민 피글린을 자주 만날 수 있어. 피글린은 집단으로 습격하는 아주 위험한 몬스터니 주의하자!

미션 완료!

월   일

1 원주민 피글린을 쓰러뜨리자

네더 차원문에서 나오다가 원주민 피글린을 마주쳤어요. 피글린을 쓰러뜨리기 위해서는 올바른 계산식을 완성해야 해요. 숫자와 기호를 선으로 연결하여 올바른 덧셈식을 만들어 보세요.

예시

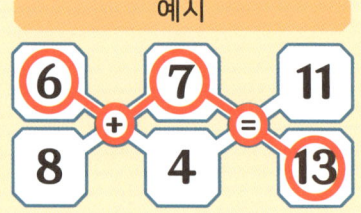

A

B

2 금 갑옷을 모으자

금 갑옷을 입고 있으면 피글린이 먼저 공격하지 않아요. 숲의 미로에 있는 금 갑옷을 모두 주우며 도착 지점을 향해 가요. 단, 같은 길을 두 번 통과할 수는 없어요.

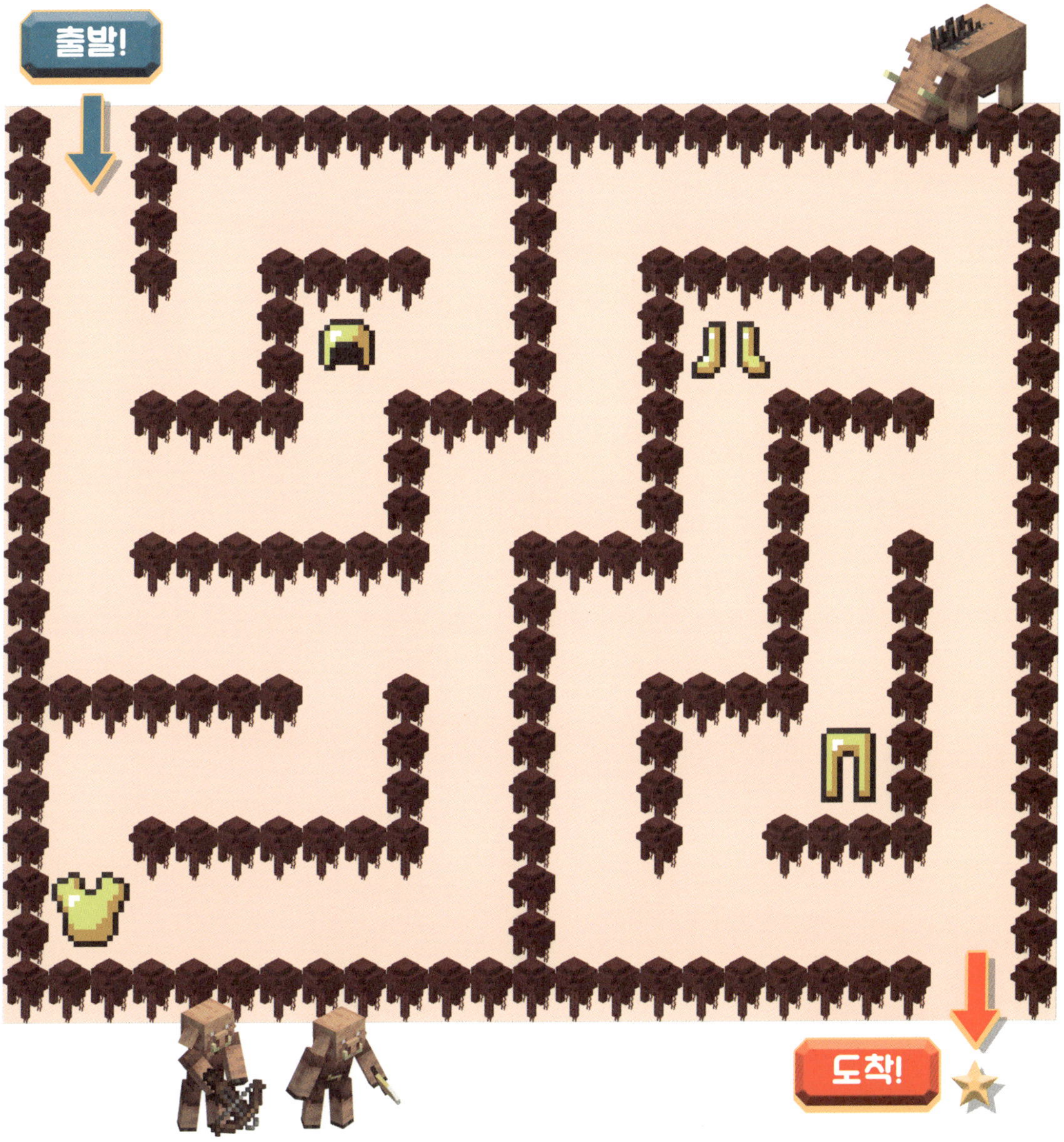

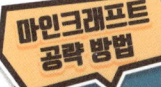

마인크래프트 공략 방법: 피글린이 승리의 춤을 추는 모습을 볼 수 있다!

피글린들은 배가 고프면 멧돼지 모습의 몬스터인 호글린을 집단으로 사냥한다. 그리고 호글린 사냥에 성공하면 아주 드물게 승리의 춤을 추기도 한다. 피글린이 승리의 춤을 출 확률은 상당히 낮기 때문에 피글린들의 춤을 보았다면 운이 정말 좋은 것이다.

미션 27

수학 자연수의 덧셈과 뺄셈 | 코딩 알고리즘 이해 | 알고리즘 표현

네더 요새에서 블레이즈를 쓰러뜨려라!

물약은 위더와의 전투에 꼭 필요한 아이템이야. 물약을 만들려면 양조기라는 장치가 필요하단다. 양조기를 제작하기 위해 블레이즈 막대를 구해야 해. 블레이즈 생성기를 찾아가자!

미션 완료!

월   일

1 네더 요새의 미로를 탈출하자

몬스터들과 마주치지 않도록 주의하며 네더 요새를 탐색해요. 출발 지점에서 시작해서 계산식의 빈칸을 채우며 도착 지점으로 가요.

힌트! 빈칸 중 왼쪽 위의 숫자가 같은 칸은 똑같은 숫자가 들어가!   → 1 | 1 |

2 블레이즈를 쓰러뜨리자

네더 요새에서 블레이즈가 계속 나오는 블레이즈 생성기를 발견했어요.
계산식의 빈칸에 알맞은 수를 넣으면 블레이즈를 쓰러뜨릴 수 있어요.
계산식의 빈칸에 들어갈 수를 아래 박스에서 골라 적어 보세요.

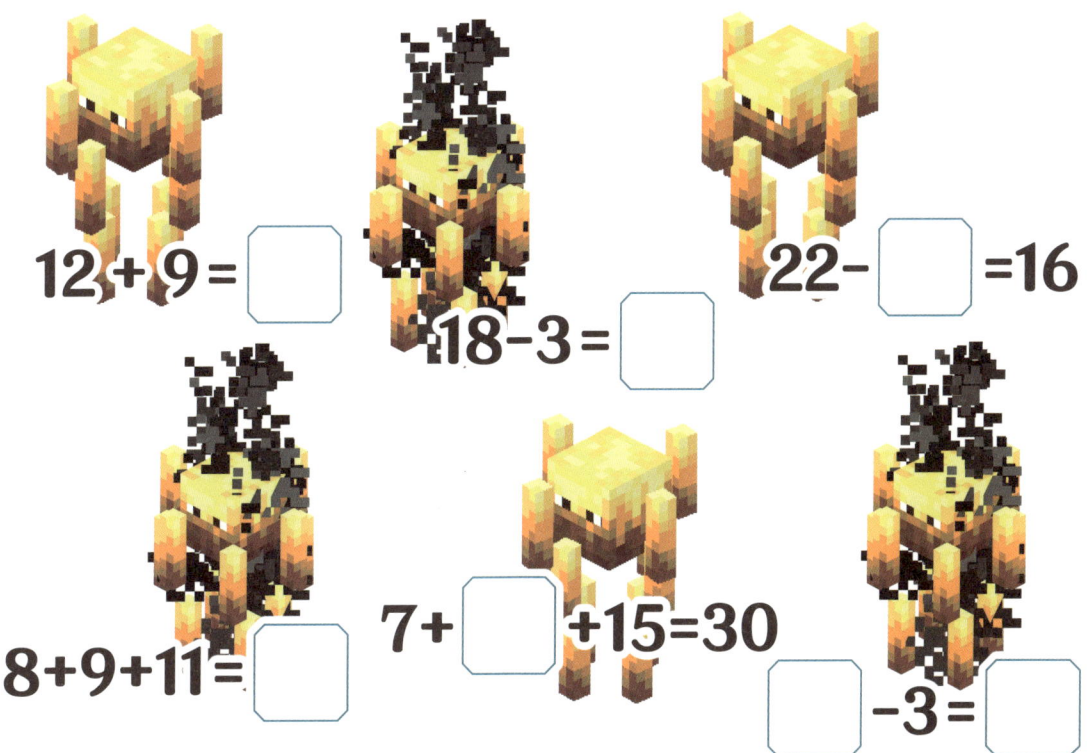

12 + 9 = ☐

18 - 3 = ☐

22 - ☐ = 16

8 + 9 + 11 = ☐

7 + ☐ + 15 = 30

☐ - 3 = ☐

| 15 | 25 | 28 | 8 |
| 6 | 21 | 22 | |

힌트!
빈칸이 1개인 계산식을 먼저 풀고, 빈칸이 2개인 계산식은 남은 수를 넣어 보자!

마인크래프트 공략 방법: 블레이즈에게 눈덩이를 사용하면 효과적이다!

눈덩이는 전투용 아이템이지만, 공격력은 약해서 몬스터에게 피해를 주기 어렵다. 하지만 블레이즈에게는 피해를 줄 수 있다. 블레이즈는 눈덩이를 맞을 때마다 ♥♥ 씩 피해를 입는다. 블레이즈가 공격하면 방패와 눈덩이를 사용해 싸우자.

미션 28

수학 | 시간의 계산 | 넓이   코딩 | 자료의 수집 | 정보의 구조화

전투를 대비해 물약을 만들어라!

물약은 일정한 시간 동안 공격력을 상승시키고, HP를 회복시켜 준단다. 효과는 일시적이지만 전투에 도움이 되는 아이템이지. 위더와 전투하기 전 다양한 물약을 준비하자!

미션 완료!

월   일

1 물약의 효과 시간을 계산하자

위더와의 싸움에 대비하여 힘의 물약과 재생의 물약을 만들었어요. 물약마다 효과가 지속되는 시간이 달라요. 2가지 종류의 물약을 함께 마시면 2가지 효과가 모두 나타나요. 같은 종류의 물약 2개를 동시에 마시면 효과가 지속되는 시간이 2배가 돼요. 다음 문제를 풀어 보세요.

 힘의 물약(기본형): 3분
3개

 힘의 물약(연장형): 8분
2개

 재생의 물약(기본형): 45초
3개

 재생의 물약(연장형): 2분
4개

1 힘의 물약(기본형)을 모두 마시면, 효과 시간은 몇 분이 될까요?

답. ☐ 분

2 재생의 물약(기본형)을 모두 마시면, 효과 시간은 몇 분 몇 초가 될까요?

답. ☐ 분 ☐ 초

3 힘의 물약(연장형)과 재생의 물약(연장형)을 모두 마셨어요. 한 가지 물약의 효과가 떨어졌을 때, 효과가 남아 있는 것은 어떤 물약일까요? 또, 효과가 앞으로 몇 분이 남아 있을까요?

답. ☐ 의 물약은 ☐ 분 남아 있어요.

2 투척용 물약으로 몬스터를 공격하자

투척용 물약을 땅 위로 던지면 넓은 범위에 공격 효과를 줄 수 있어요. 아래 지도에 투척용 물약을 1개만 던져, 최대한 많은 몬스터를 공격하려고 해요. 어디에 던지면 가장 많은 몬스터를 쓰러뜨릴 수 있을까요?

투척용 물약으로 몬스터를 한꺼번에 쓰러뜨리자!

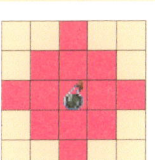

투척용 물약의 효과
물약이 떨어진 칸에서 2칸까지 공격해요.

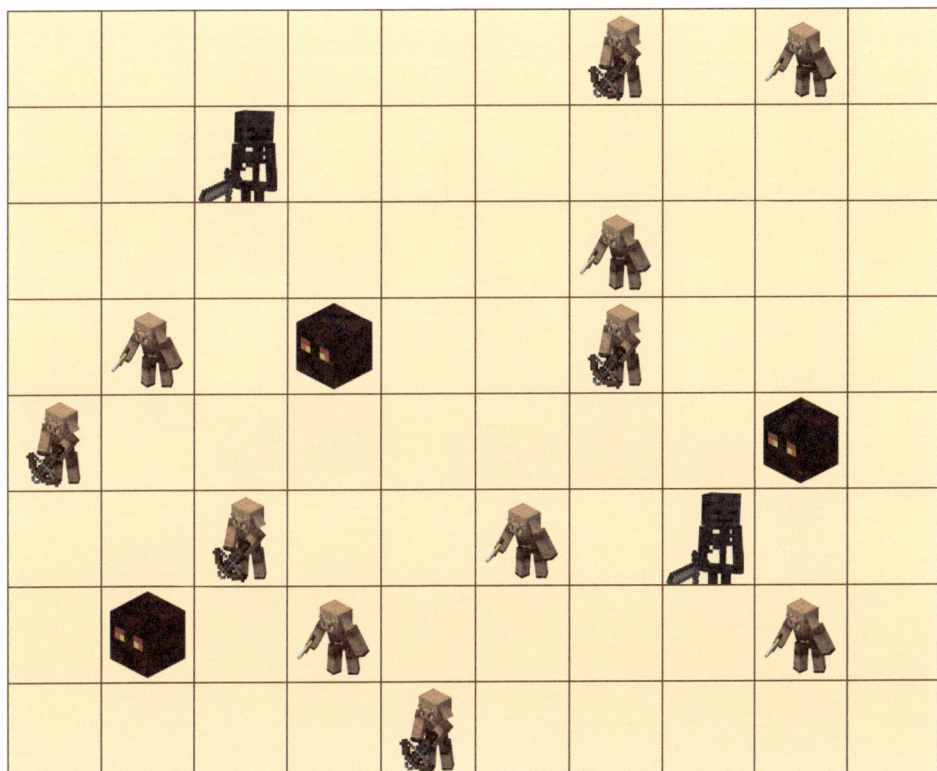

마인크래프트 공략 방법 — 투척용 물약의 효과 시간이 길어지는 위치가 있다!

투척용 물약은 던지는 위치에 따라 효과 시간이 다르다. 효과가 가장 오래 나타나게 하는 방법은 바로 머리에 던지는 것이다. 자신에게 던질 경우 바로 위를 보고 던져 머리에 맞추는 것이 좋다. 자신의 발에 던지면 효과 시간이 절반이 되니 주의하자. 다른 장소는 머리보다 효과 시간이 조금 짧다.

미션 29

수학 배수 | 자연수의 덧셈과 뺄셈 **코딩** 정보의 구조화 | 핵심요소 추출

최고의 네더라이트 장비를 만들어라!

위더와의 전투에 대비해 네더라이트 장비를 갖춰야 해. 네더라이트 장비에 필요한 재료는 피글린 요새에서 구할 수 있어.
재료를 모아 네더라이트 장비를 만들자!

미션 완료!

월   일

1 피글린 요새에서 보물을 얻자

피글린 요새에서 네더라이트 장비의 재료를 구할 수 있어요. 금 주괴, 네더라이트 파편, 대장장이 형판의 3가지 아이템을 모두 주우며 도착 지점을 향해 가요. 몬스터와 마주치지 않도록 조심해요. 단, 금 주괴를 주우면 피글린을 한 번 지나갈 수 있어요.

 금 주괴   네더라이트 파편   대장장이 형판    피글린

2 네더라이트 장비를 만들자

피글린 요새에서 상자 3개를 발견했어요. 모은 재료로 네더라이트 장비를 만들어요.
다음 문제를 풀어 보세요.

1 3개의 상자에 들어 있는 아이템의 수를 계산해 보세요.
금 주괴, 네더라이트 파편, 대장장이 형판은 각각 몇 개일까요?

답. 금 주괴는 ☐ 개, 네더라이트 파편은 ☐ 개,

대장장이 형판은 ☐ 개예요.

2 스티브는 다이아몬드 장비를 5개 가지고 있어요.
이 중 몇 개를 네더라이트 장비로 만들 수 있을까요?

🟫 네더라이트 주괴 조합법

네더라이트 파편: 4개
금 주괴: 4개

⚔ 네더라이트 장비 조합법

대장장이 형판: 1개
다이아몬드 장비: 1개
네더라이트 주괴: 1개

답. ☐ 개 만들 수 있어요.

힌트!
1번 문제에서 계산한 재료로
네더라이트 주괴 몇 개를
만들 수 있는지를 먼저 생각해!

미션 30

[수학] 자연수의 덧셈 | 공간 감각 [코딩] 문제 이해 | 알고리즘 이해

마법 부여대로 장비에 마법을 부여하라!

마법 부여대에서 무기와 갑옷에 마법을 부여해 보자. 마법으로 장비의 공격력과 방어력을 높여 두면 히든 보스 위더와의 전투에 도움이 될 거야.

미션 완료!

월   일

1 마법 부여대의 위치를 찾자

마법 부여대 는 1칸 떨어진 곳에 책장이 있으면, 아이템에 더 강한 마법을 부여할 수 있어요. 책장이 많을수록 효과가 커져요. 아래의 방에서 가장 강한 마법이 부여될 수 있는 위치를 찾아 ○표 해 보세요. 단, 마법 부여대는 마루 에만 둘 수 있어요.

효과가 가장 큰 위치

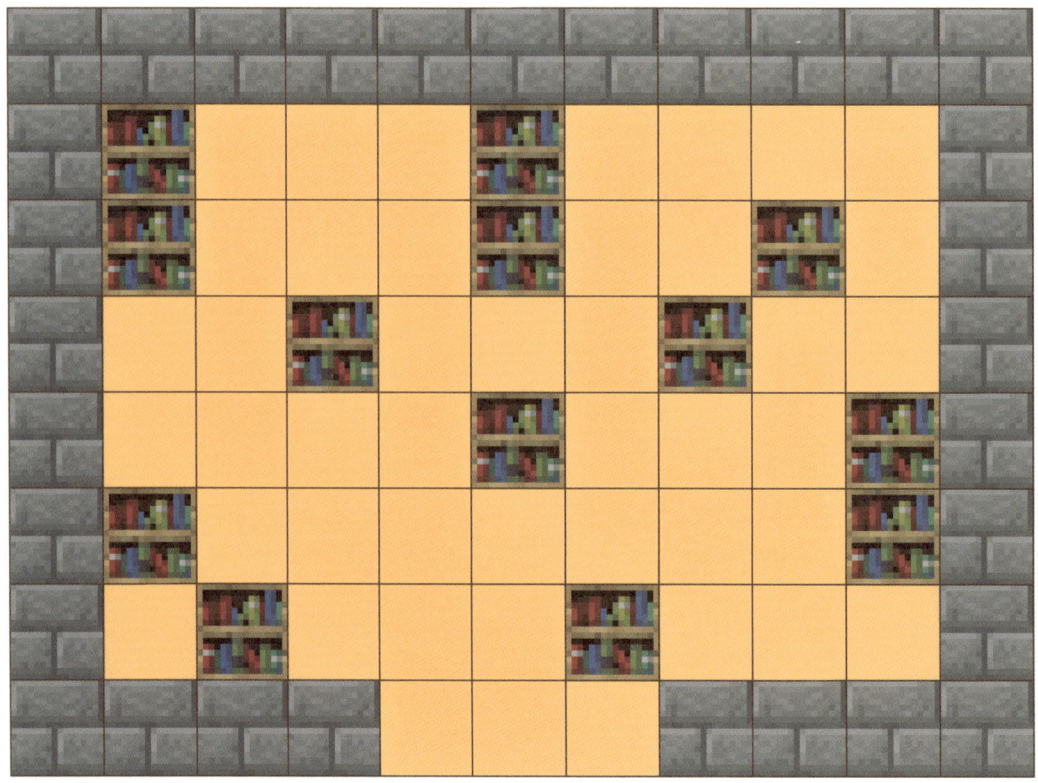

2 장비에 마법을 부여하자

효과가 가장 큰 위치에 마법 부여대를 놓고 가동했어요. 테이블 위에 놓여 있는 책이 펼쳐지더니 공중에 계산식이 나타났어요. 장비에 마법을 부여하려면 계산식을 풀어야 해요. 빈칸에는 1~9의 숫자가 1개씩 들어가요.
세로, 가로, 대각선의 합이 모두 15가 되도록 빈칸에 숫자를 넣어 보세요.

힌트! 맨 위의 가운데 칸부터 맞춰 보자!

마인크래프트 공략 방법 — 원하는 아이템에 마법을 부여할 수 있다!

마법 부여대에서 마법을 부여할 아이템 후보는 마법 부여가 될 때까지 지울 수 없다. 아이템 후보에 필요없는 아이템만 있는 경우가 있다. 그 아이템에 마법을 부여해 버리면 마법 부여대가 리셋되어 다시 새로운 마법 부여 후보가 표시될 것이다.

미션 31

[수학] 세 수의 덧셈과 뺄셈　**[코딩]** 알고리즘 이해 | 알고리즘 표현

가스트를 쓰러뜨려라!

네더에는 하늘을 나는 적대적 몬스터인 가스트가 있어. 가스트는 입에서 불덩이를 뿜어 공격하는 아주 위험한 몬스터야. 항상 공중에 떠 있어서 쓰러뜨리기가 어려우니 주의하자!

미션 완료!

　　월　　일

1 가스트에게 화살을 쏘자

가스트는 하늘을 날기 때문에 화살을 쏘아 공격해야 해요. 가스트 주위에 있는 A~F의 계산식을 풀어서 답이 같은 것끼리 선으로 연결해 보세요. 연결한 선 위를 화살이 통과해 가스트를 공격할 수 있어요.

- Ⓐ $11+24+14=$ ☐
- Ⓑ $20+12+13=$ ☐
- Ⓒ $14+26+35=$ ☐
- Ⓓ $100-35-20=$ ☐
- Ⓔ $100-11-14=$ ☐
- Ⓕ $100-19-32=$ ☐

2 불덩이를 되받아쳐 반격하자

화살을 맞아 화가 난 가스트가 폭발하는 불덩이를 입으로 뿜어내면서 공격해요. 불덩이에 있는 계산식을 풀면 불덩이를 되받아칠 수 있어요. 모든 불덩이를 되받아쳐 가스트에게 큰 피해를 줄 수 있도록 문제를 풀어 보세요.

26+35=

63−18=

43+39=

64+38−6=

76−19+2=

62−19+8=

마인크래프트 공략 방법: 가스트의 불덩이를 되받아칠 수 있다!

가스트가 뿜어낸 불덩이가 가까이 왔을 때 공격하면 불덩이를 되받아칠 수 있다. 또, 화살이나 낚싯대 등으로 반격하는 방법도 있다. 되받아친 불덩이는 가스트에게 큰 피해를 입힐 수 있으므로 시도해 보자.

미션 **32**

수학 규칙과 대응 | 규칙 찾기   코딩 문제 이해 | 정보의 구조화

위더 스켈레톤을 쓰러뜨려라!

히든 보스 위더와 전투할 준비가 되었어. 위더를 소환하기 위해 위더 해골이라는 희귀 아이템이 필요해. 위더 스켈레톤을 쓰러뜨려 위더 해골을 구하자!

미션 완료!

월   일

1 위더 스켈레톤을 찾아가자

위더 스켈레톤은 시듦의 저주를 가지고 있어요. 위더 스켈레톤에게 공격을 당하면 시듦 상태 효과에 걸려, 3칸을 걸으면 더 이상 움직이지 못해요. 이때 우유를 마시면 상태 효과가 제거되어 다시 3칸을 이동할 수 있어요. 우유를 마시면서 위더 스켈레톤이 있는 도착 지점까지 가는 길을 찾아 선을 그어 보세요.

우유

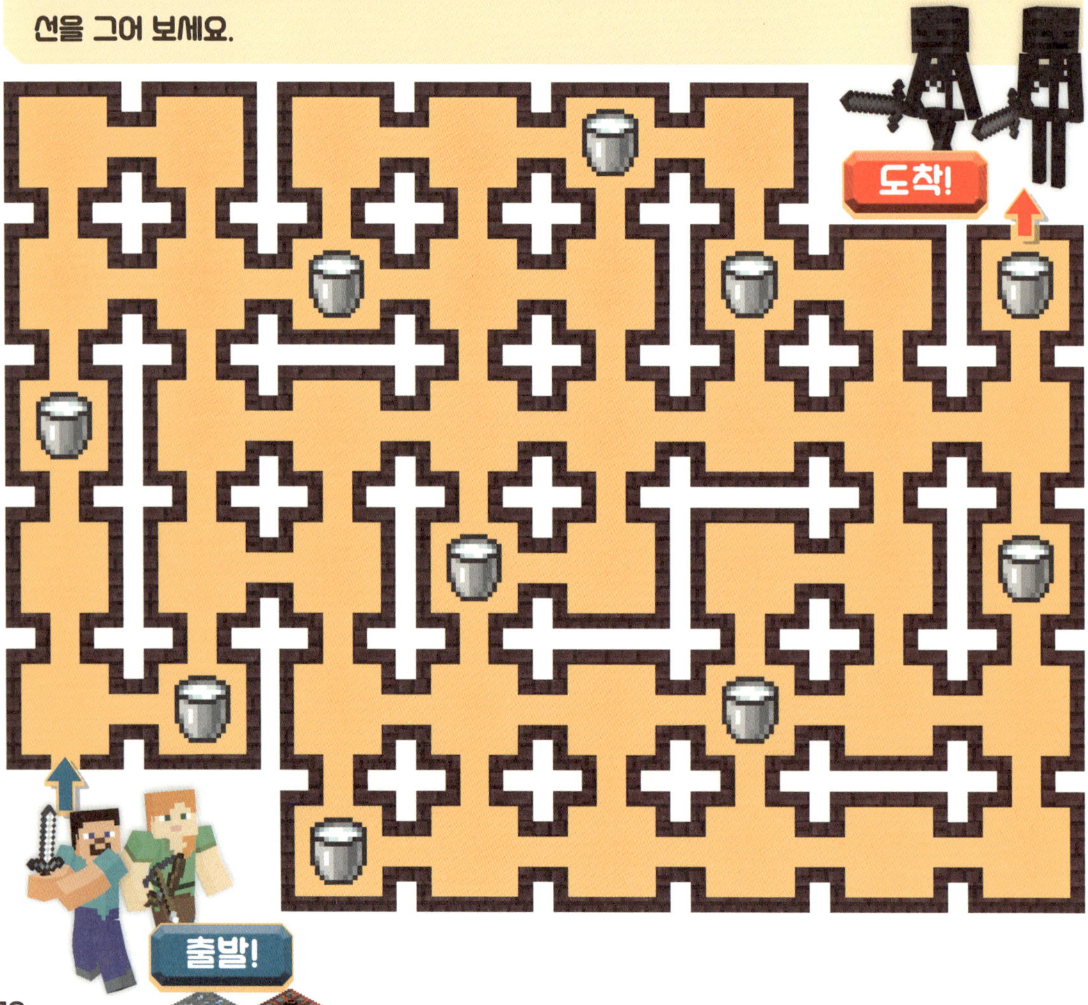

2 위더 스켈레톤을 쓰러뜨리자

위더 스켈레톤은 강적이므로 공격 패턴을 예측하면서 싸워야 해요. 위더 스켈레톤 주위에 있는 숫자는 규칙적으로 배열되어 있어요. 어떤 규칙으로 배열되어 있는지 알아내 빈칸에 들어갈 수를 적어 보세요.

힌트! 옆의 숫자와 비교해서 숫자가 얼마나 늘었는지 잘 살펴 보자!

힌트! 아래 문제는 좀 어렵지만 배열된 방식은 위의 문제와 같아!

마인크래프트 공략 방법
위더 스켈레톤이 해골을 드롭할 확률은 낮다!

위더 스켈레톤을 무찌르면 드물게 위더 스켈레톤 해골을 얻을 수 있지만, 그 확률은 매우 낮다. 위더 스켈레톤을 40~50마리 정도 쓰러뜨리면 겨우 1개 얻을 수 있을 정도로 매우 희귀한 아이템이다.

미션 33

수학 도형의 합동 | 자연수의 덧셈과 뺄셈 **코딩** 자료의 수집 | 알고리즘 이해

히든 보스 위더를 쓰러뜨려라!

위더 스켈레톤의 해골을 얻었으니 이제 위더와 싸울 준비가 다 되었어. 영혼 모래와 위더 스켈레톤의 해골을 정해진 형태로 배치하면 위더를 소환할 수 있어. 위더를 공격해 쓰러뜨리자!

미션 완료!

월   일

1 히든 보스 위더를 소환하자

T자 모양의 영혼 모래 위에 위더 스켈레톤 해골 3개를 올리면 위더를 소환할 수 있어요. 그림 '위더 소환 방법'을 참고해서 그림을 배열해 보세요.
단, 필요 없는 조각이 2개 섞여 있어요.

위더 소환 방법

답.

1	2	3
4	5	6

순서로 배열해요.

 A

 B

 C

 D

 E

 F

 G

 H

2 소환한 위더를 쓰러뜨리자

아이템을 바르게 쌓아 올렸더니 폭발을 일으키며 히든 보스 위더가 소환됐어요. 위더는 위더 해골이라는 폭발성 발사체를 쏘면서 공격해요. 가까이 다가가 네더라이트 검으로 공격했더니 많은 식이 나타났어요. 세로 계산식과 가로 계산식의 빈칸에 적절한 수를 넣어 위더를 쓰러뜨려요.

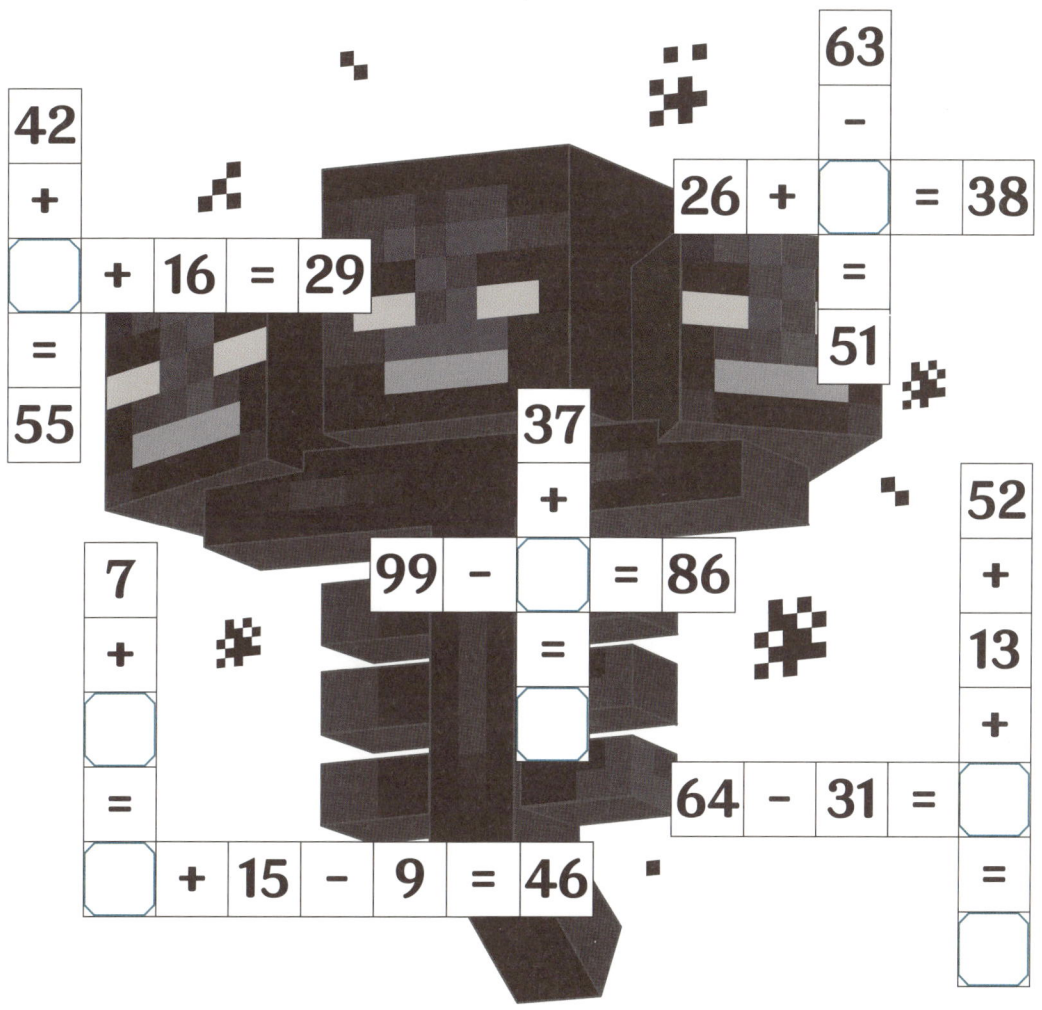

마인크래프트 공략 방법
위더를 쓰러뜨리기 쉬운 장소가 있다!

위더를 소환하면 위더는 주위의 블록을 부수면서 공중으로 날아가 플레이어의 공격이 닿지 않게 한다. 위더를 네더 위에 있는 기반암 근처로 소환하자. 위더는 기반암을 부수지 못하므로 위더가 도망치는 것을 막을 수 있다.

풀이와 답

 여러 가지 재료를 모아라!　　　10-11쪽

1

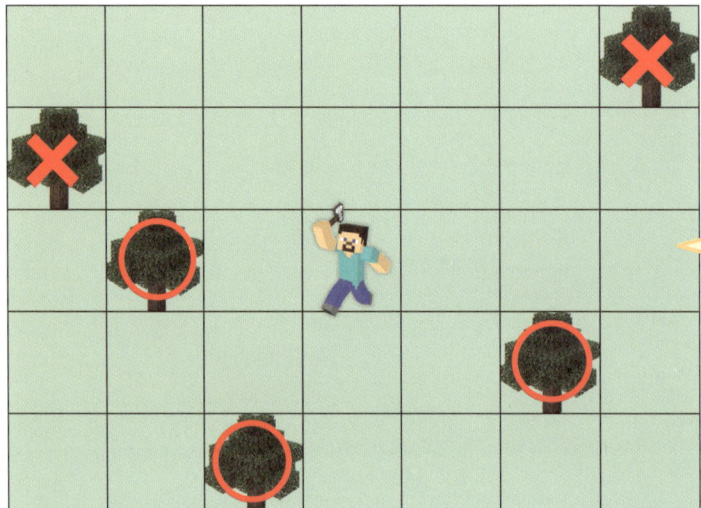

선생님 풀이
스티브가 있는 곳에서 나무가 있는 칸으로 이동할 때 3칸 이내로 갈 수 있는지 확인해 보아요.

답. 자를 수 있는 나무는 모두 3 그루예요.

2

 답. 　　 답. , ,

76

미션 02 안전한 집을 만들어라! 12-13쪽

1
- 1) 답. H
- 2) 답. J
- 3) 답. A
- 4) 답. I
- 5) 답. D

> 선생님 풀이: 2가지 조건 모두에 알맞은 위치를 찾아요.

미션 03 모험에 필요한 아이템을 준비하라! 14-15쪽

1
- 답. 빵을 **4** 개 만들 수 있어요.
- 답. 횃불을 **7** 개 만들 수 있어요.

> 선생님 풀이: 밀을 3개씩 몇 묶음 할 수 있는지 생각해 보아요.

2
- 1) 2 + 6 + 2 + 2 = 12
- 2) 1 + 5 + 5 + 1 = 12
- 3) 2 + 6 + 3 + 1 = 12

미션 04 아이템을 거래할 마을을 찾아라! 16-17쪽

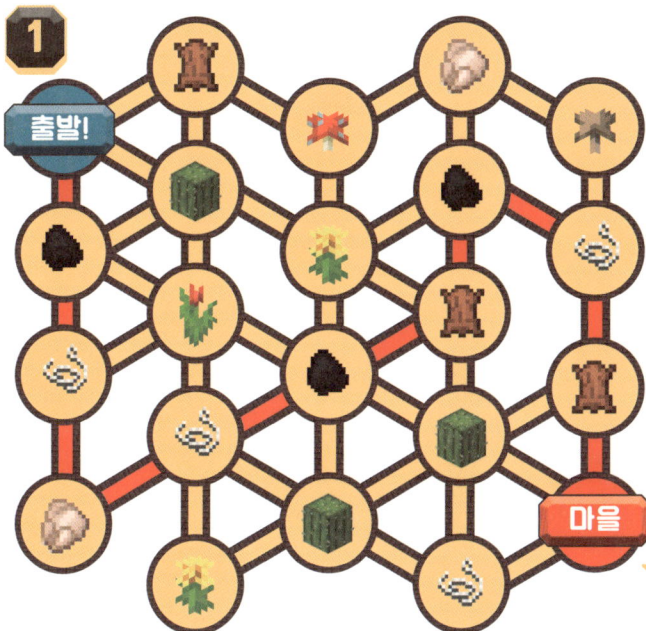

2
- 5+7 = 12
- 8+5 = 13
- 9+4 = 13
- 3+8 = 11
- 6+9 = 15
- 12-6 = 6
- 14-7 = 7
- 17-8 = 9
- 15-9 = 6
- 13-5 = 8

> 선생님 풀이: 먼저 거래할 때 사용할 수 없는 아이템을 찾아 X표 해 보세요.

77

미션 05 마을에서 아이템을 모아라! 18-19쪽

1
- ① ① 답. **6** 개
- ① ② 답. **16** 개
- ② 답. **A**

> 선생님 풀이
> 익힌 닭고기 14개를 만들려면 140초 동안 구워야 해요.
> 자작나무 원목 4개는 15×4=60(초), 석탄 1개는 80×1=80(초)
> 동안 타서 합이 140초가 되므로 A가 적절해요.

2 (상자)
- ① 답. **9** 칸
- ② 답. **당근**

미션 06 성직자를 치료하고 거래하라! 20-21쪽

1
- ① 답. 사과는 **2** 개, 금 주괴는 **2** 개 남아요.
- ② 답. **6** 개 더 필요해요.

2
- ① 답. 청금석은 **2** 개 얻을 수 있고,
  썩은 살점은 **4** 개 남아요.
- ② 답. **36** 개 필요해요.

> 선생님 풀이
> 청금석 3개를 얻으려면 에메랄드가 3×2=6(개)가 필요하고, 에메랄드 6개를 얻으려면 썩은 살점이 6×6=36(개)가 필요해요.

미션 07 약탈자의 전초 기지를 찾아라! 22-23쪽

1

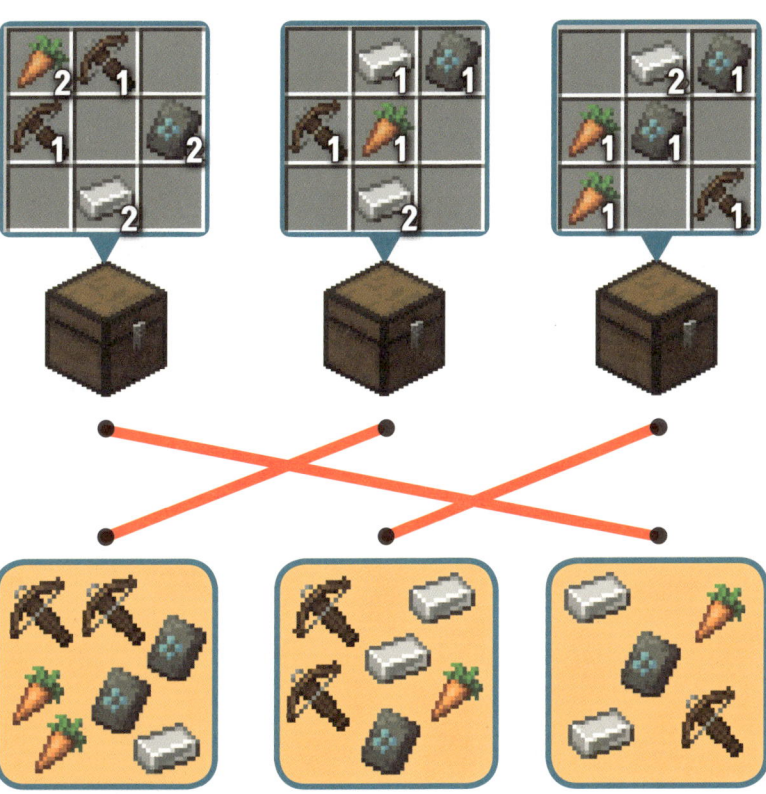

선생님 풀이
먼저 3개의 상자에 있는 아이템을 각각 종류별로 세어요. 추가하려는 아이템을 더해서, 아이템의 종류와 수가 같아지는 경우를 찾아 보아요.

미션 08 약탈자와 몬스터를 쓰러뜨려라!   24~25쪽

1

15+8= **23**

14+6= **20**

17+9= **26**

19+5= **24**

2 **1**

20−5= 15   24−6= 18   22−8= 14

2

4+6+5= 15   7+3+5= 15

2+8+4= 14

미션 09 지도 제작자의 탐험 지도를 찾아라!   26-27쪽

1

5+ 25 =30   35+15= 50

15+15= 30   25+ 25 =50

10 +20=30   30 +20=50

25+ 15 =40   45+ 5 =50

10+ 35 =45   50+ 50 =100

2️⃣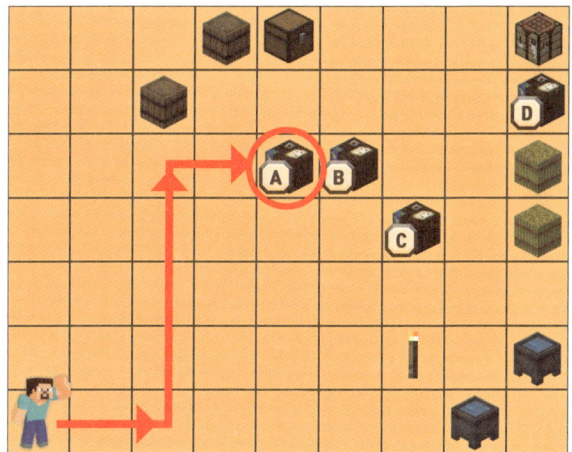

답. A

미션 10 동굴에서 광석을 캐라!   28-29쪽

1️⃣ 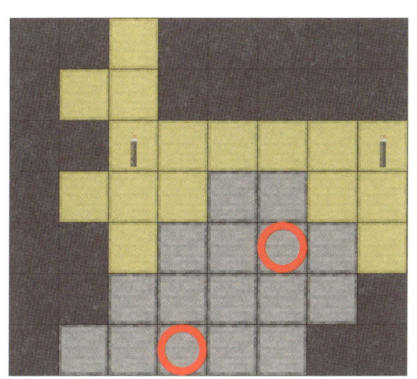 또는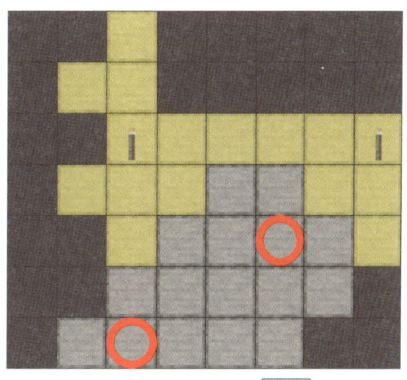

답. 햇불은 2 개 필요해요.

2️⃣

선생님 풀이
햇불은 2칸 앞까지 밝힐 수 있으므로 햇불을 안쪽에 배치해 보아요.

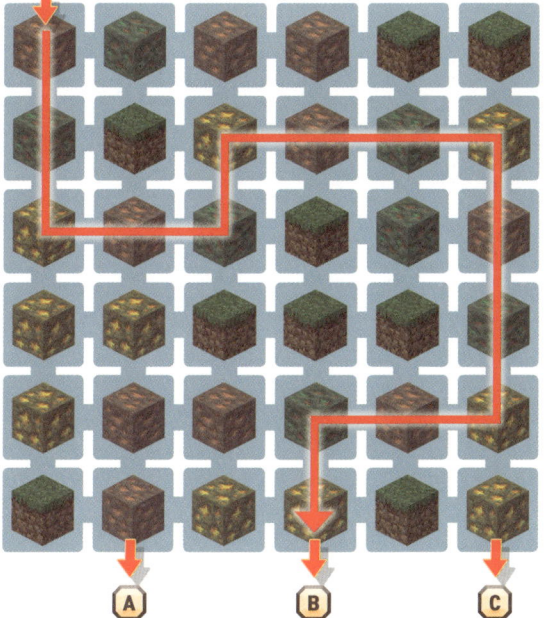

답. B

81

미션 11 동굴에서 몬스터와 결투하라! 30-31쪽

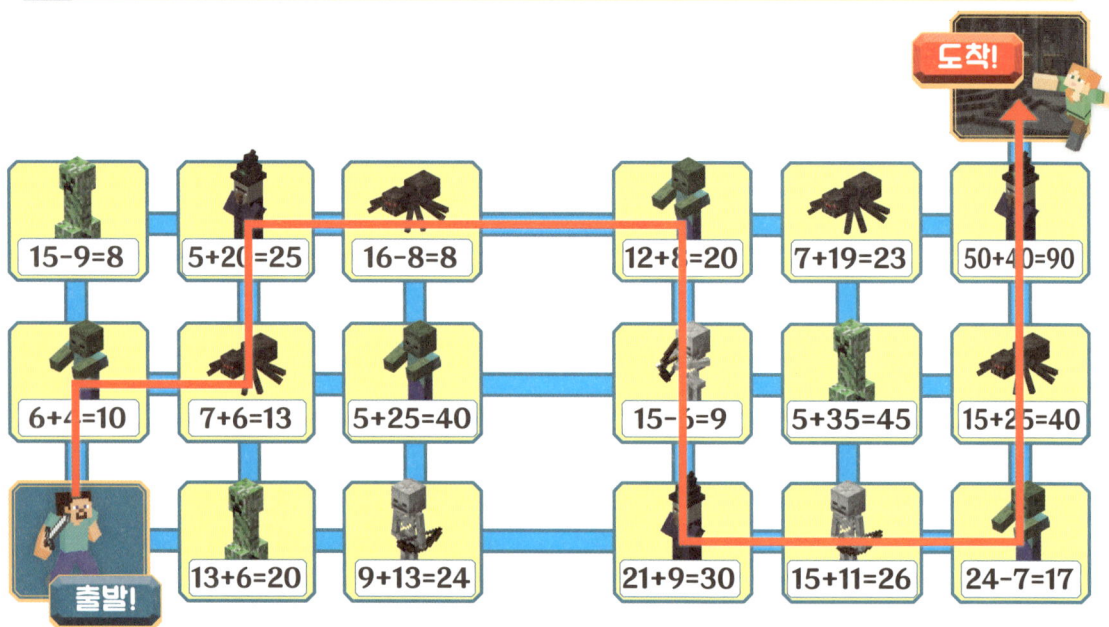

미션 12 깊은 동굴에서 다이아몬드를 찾아라! 32-33쪽

1

2

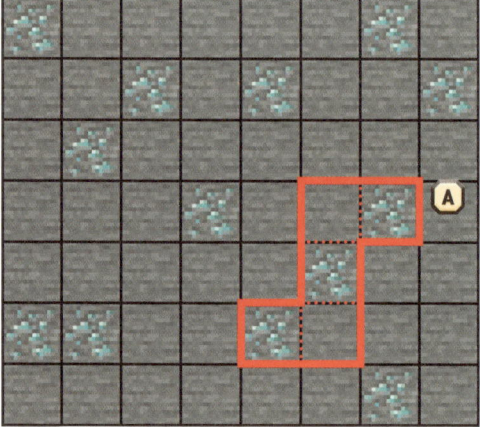

선생님 풀이
다이아몬드 광석이 많은 곳에 A, B, C를 그려보면서 가장 많이 캘 수 있는 모양을 찾아요.

미션 13 무성한 동굴을 모험하라! 34-35쪽

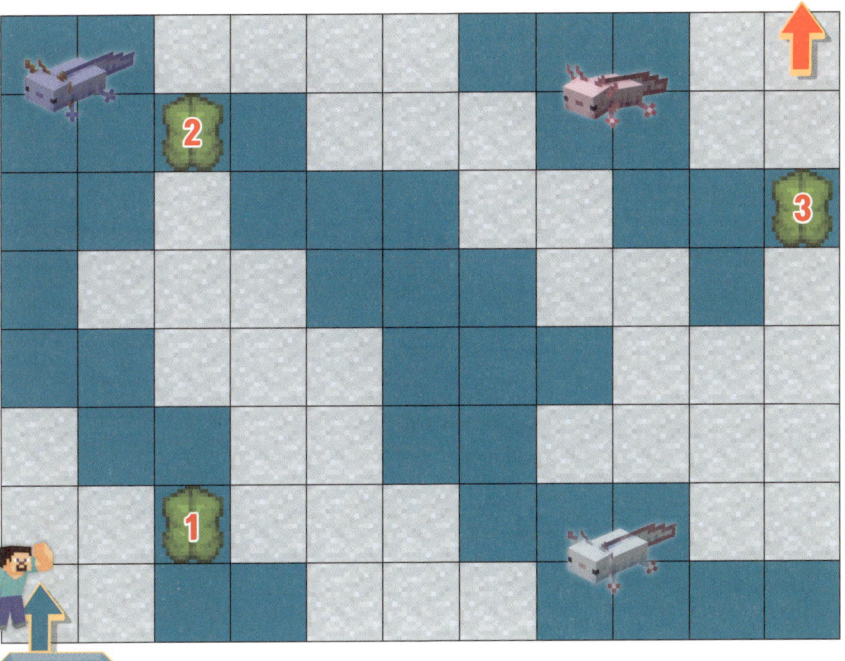

답. 흘림잎은 적어도 **3** 장 필요해요.

선생님 풀이
강이 나올 때마다 1칸만 건너서 갈 수 있는 곳을 찾아 보아요.

2
① 답. **18** 마리
② 답. **분홍색** 아홀로틀
③ 답. **금색** 아홀로틀

미션 14 늪을 모험하라! 36-37쪽

1
① 답. **10** 마리
② 답. **14** 마리

선생님 풀이
대형 슬라임 A는 1X2X2=4(마리), 대형 슬라임 B는 1X3X2=6(마리)로 분열해요.

2 답. **B**

선생님 풀이
블록을 끼웠을 때 밖으로 보이는 부분은 무늬가 있어야 하고, 원래 모양과 면이 닿는 부분은 무늬가 없어야 해요.

미션 15 거북 알을 보호하고 부화시켜라!   38-39쪽

1

25+13= **38**
39-6= **33**
27+10= **37**
35+8= **43**
40-8= **32**

답. 가장 작은 숫자는 **32**   답. 가장 큰 숫자는 **43**

2 ① 답. 합해서 **120** 분이 걸려요.

② 답. **54** 분이 걸려요.

> 선생님 풀이
> 알에서 거북으로 성장하는 데 20+40=60(분)이 걸려요.
> 해초 3개를 주면 2×3=6(분)이 줄어요.

미션 16 돌고래를 따라 난파선을 탐험하라!   40-41쪽

1 답.

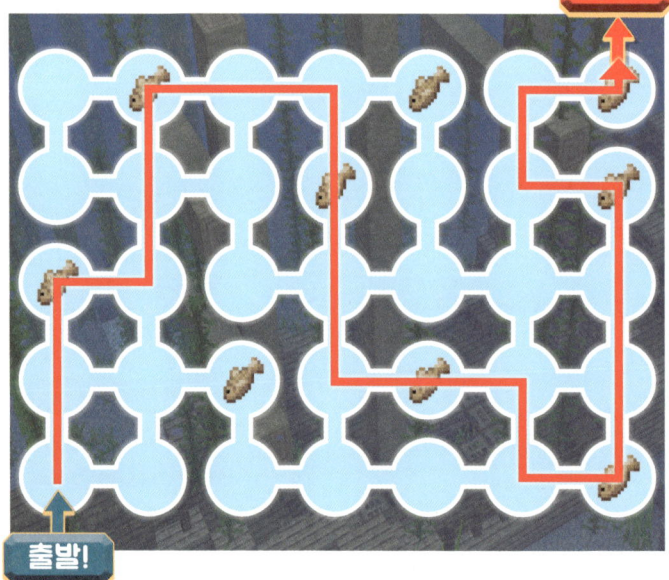

2 답. 보물 지도가 들어 있는 상자는 **C** 예요.

> 선생님 풀이
> 조건을 하나씩 확인하며 맞지 않는 상자를 X표 해 보아요.
> ①에서 A, ②에서 D, ③에서 B를 X표 해요.

미션 17 바다에서 드라운드와 결투하라!   42-43쪽

1
① 답. **6** 마리

② 답. **3** 마리

③ 답. **드라운드** 이/가 **3** 마리 많아요.

> **선생님 풀이**
> 동물은 모두 8마리,
> 드라운드는 모두 11마리예요.

2

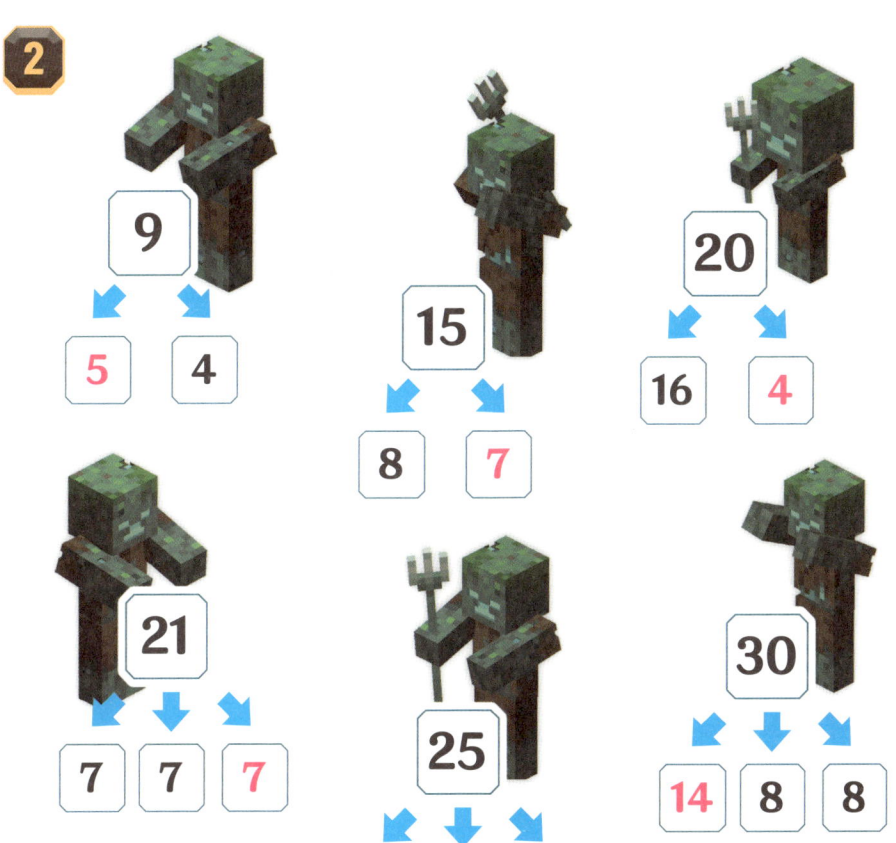

9 → 5, 4

15 → 8, 7

20 → 16, 4

21 → 7, 7, 7

25 → 6, 9, 10

30 → 14, 8, 8

미션 18 사막에서 피라미드를 찾아라! 44-45쪽

1

미션 19 피라미드에서 보물 상자를 구하라! 46-47쪽

1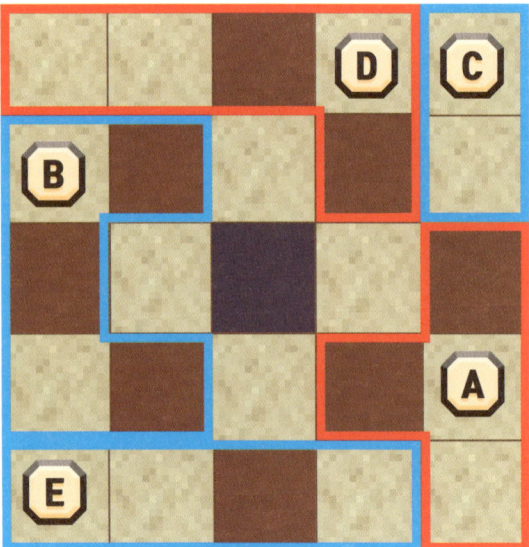

선생님 풀이
조각 B부터 맞춰 보아요.

2

선생님 풀이
2씩 늘어나는 규칙이 있어요.

낙타를 타고 사막을 모험하라! 48~49쪽

1

선생님 풀이
낙타가 서 있고,
고양이가 있고,
낙타에게 안장을
채우지 않은
그림을 찾아보아요.

답. A

2

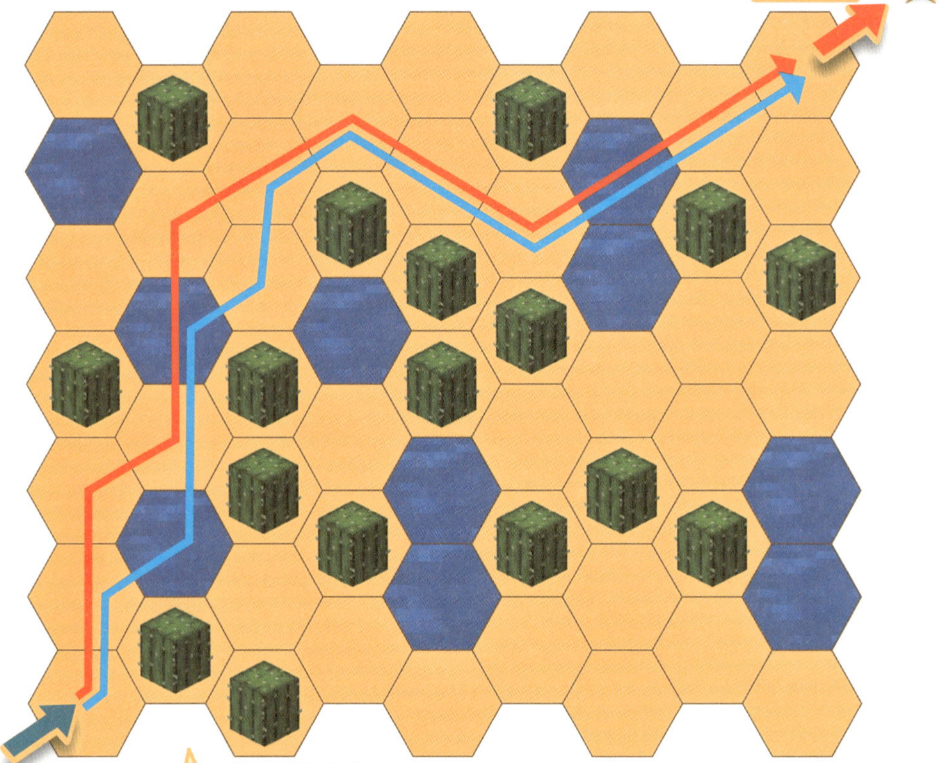

> **선생님 풀이**
> 선인장이 있는 칸은 지나갈 수 없으므로 선인장을 피해 길을 찾아보아요.

※두 가지 방법이 있어요.

미션 21 숲에 숨겨진 대저택을 찾아라!   50-51쪽

답. B

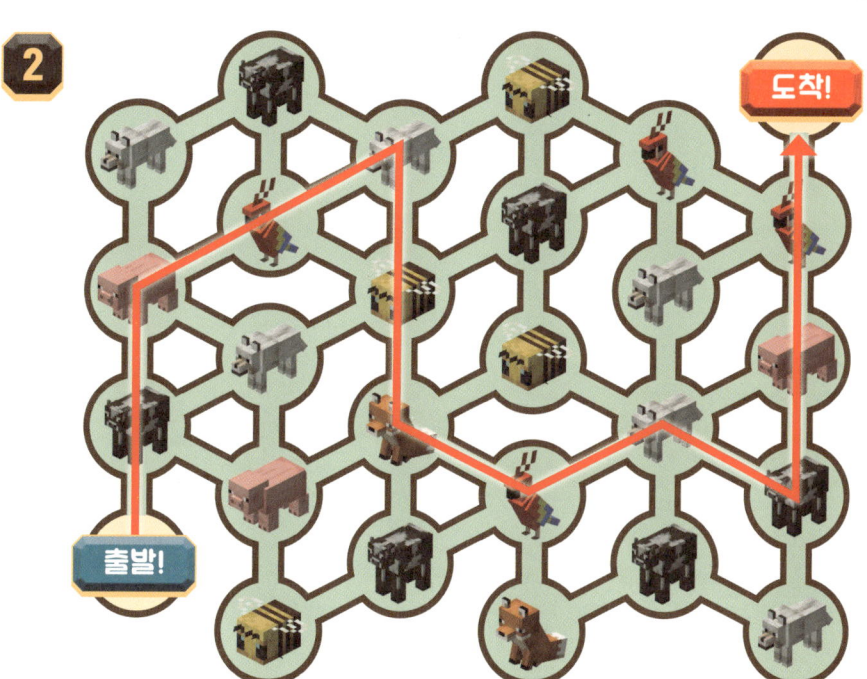

미션 22 삼림 대저택을 탐색하라!

52-53쪽

1
① 답. **11** 번

> 선생님 풀이
> 철 검으로 변명자를 4번, 크리퍼를 4번, 벡스를 3번 공격해야 해요.

② 답. **5** 번

> 선생님 풀이
> 철 검으로 크리퍼를 3번, 벡스를 2번 공격해야 해요.

2 답. **A** 가 소환사의 방과 같아요.

> 선생님 풀이
> A를 시계 반대 방향으로 90° 회전하면 소환사의 방과 같아요.

미션 23 소환사를 쓰러뜨려라!

54-55쪽

1

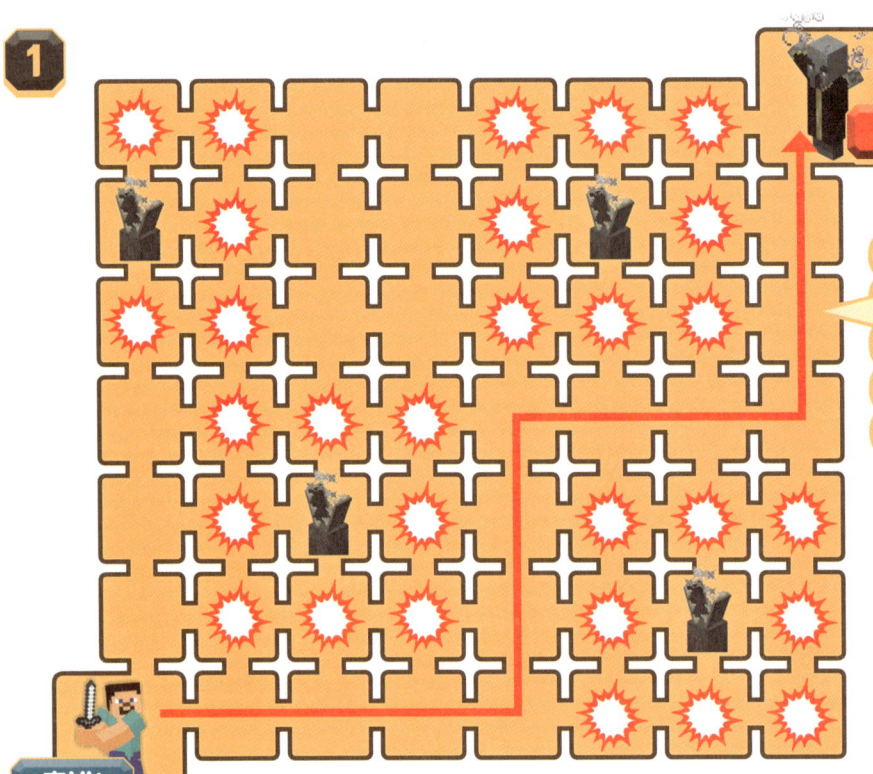

선생님 풀이
송곳니가 물어뜯는 범위를 먼저 표시한 후, 그 범위를 피하여 길을 찾아 보아요.

2

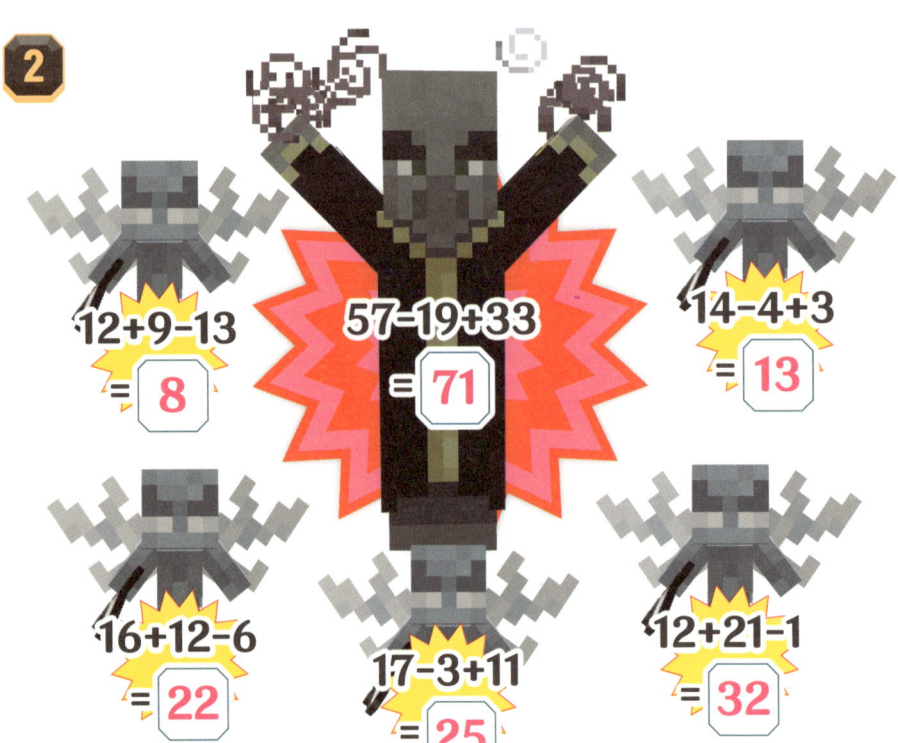

12+9-13 = 8

57-19+33 = 71

14-4+3 = 13

16+12-6 = 22

17-3+11 = 25

12+21-1 = 32

미션 24 대저택에 갇힌 요정 알레이를 구하라! 56-57쪽

1 자물쇠 구멍

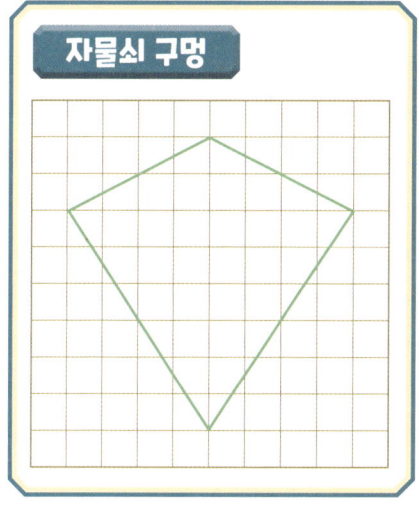

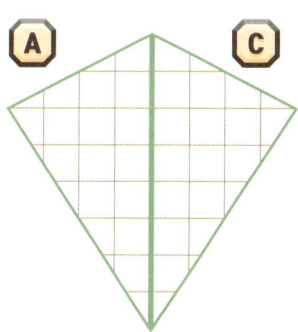

답. A , C 의 조합

2 ① 답. 10 개
　 ② 답. 13 개

3 답. B 가 4 개 많아요.

4 답. C의 에메랄드는 A보다 5 개 많아요.
　 답. C의 에메랄드는 B보다 4 개 많아요.

미션 25 지하 세계 네더로 출발하라! 58-59쪽

1

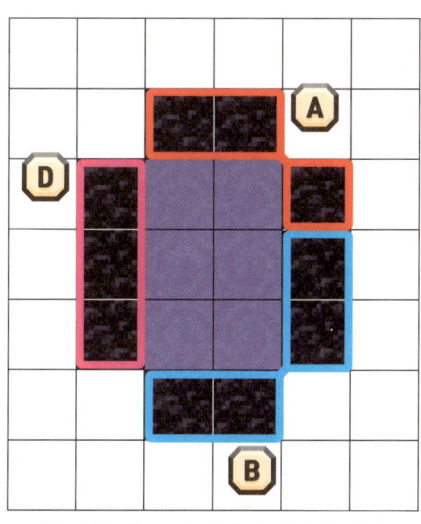

※답은 예시예요. 여러 가지 방법이 있어요.

답. 필요한 조각은 A , B , D 예요.

91

2

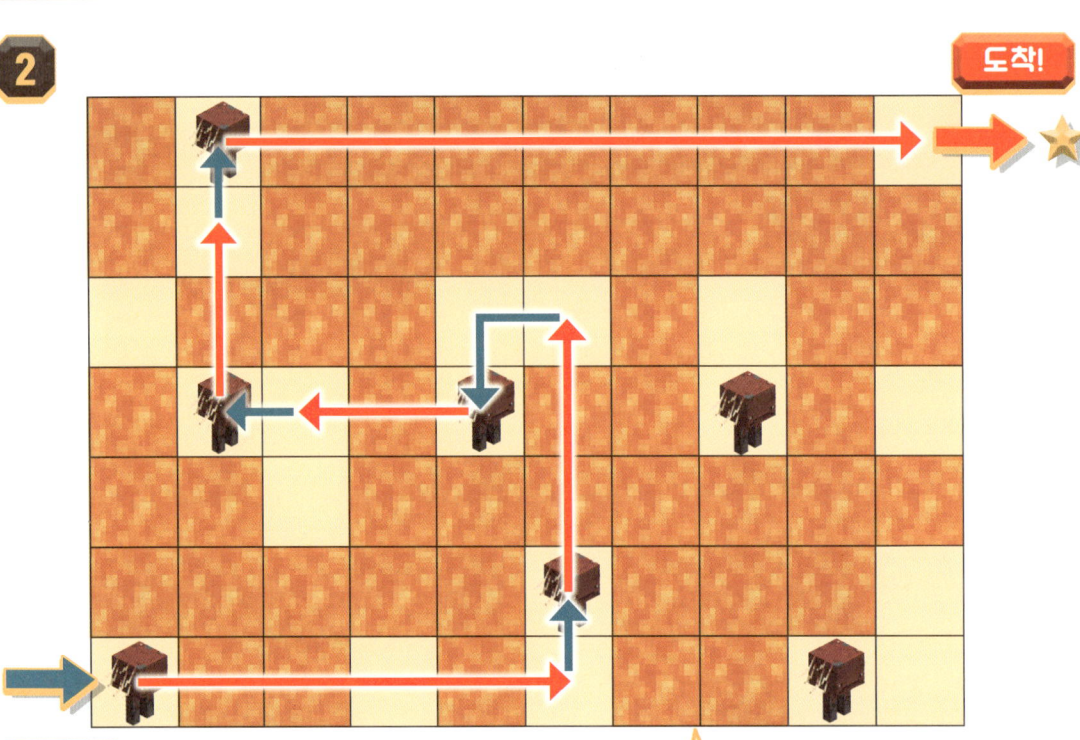

도착!

출발!
→ 스티브의 이동
→ 스트라이더의 이동

선생님 풀이
스티브가 스트라이더를 타고 어느 방향으로 가야 그다음 이동이 가능할지 생각해 보아요.

미션 26 네더의 몬스터를 쓰러뜨려라!   60-61쪽

1 A   B

2

미션 27 네더 요새에서 블레이즈를 쓰러뜨려라! 62-63쪽

1

2

12+9= **21**

18-3= **15**

22- **6** =16

8+9+11= **28**

7+ **8** +15=30

25 -3= **22**

미션 28 전투를 대비해 물약을 만들어라!   64~65쪽

1

① 답. **9** 분

② 답. **2** 분 **15** 초

③ 답. **힘** 의 물약은 **8** 분 남아 있어요.

선생님 풀이
힘의 물약(연장형)은 16분, 재생의 물약(연장형)은 8분 동안 효과가 있어요.

2

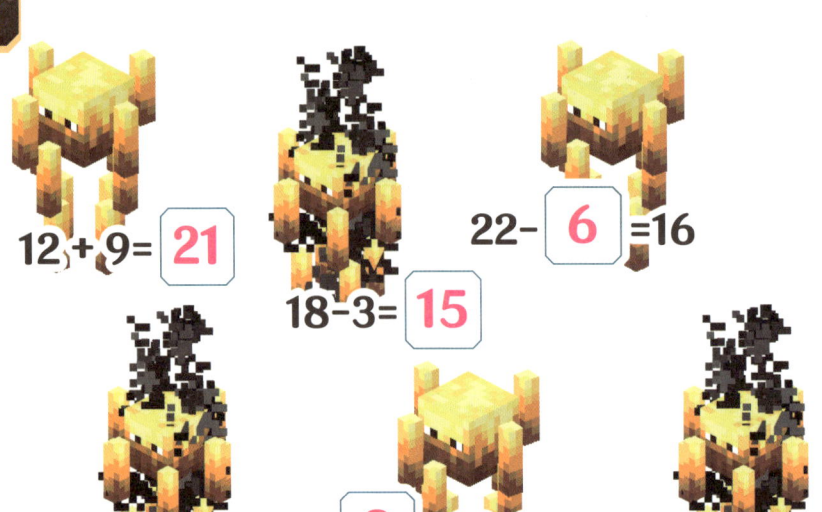

선생님 풀이
몬스터가 많은 곳에 투척용 물약을 던졌을 때, 몬스터를 몇 마리 쓰러뜨릴 수 있는지 세어요. 여러 곳을 비교해 보세요.

미션 29 · 최고의 네더라이트 장비를 만들어라! 66-67쪽

1

선생님 풀이
금 주괴를 주워서 바로 사용하지 않아도 돼요.

2

① 답. 금 주괴는 **14** 개, 네더라이트 파편은 **9** 개, 대장장이 형판은 **4** 개예요.

② 답. **2** 개 만들 수 있어요.

선생님 풀이
네더라이트 주괴를 2개 만들 수 있어요.

미션 30 마법 부여대로 장비에 마법을 부여하라! 68-69쪽

1

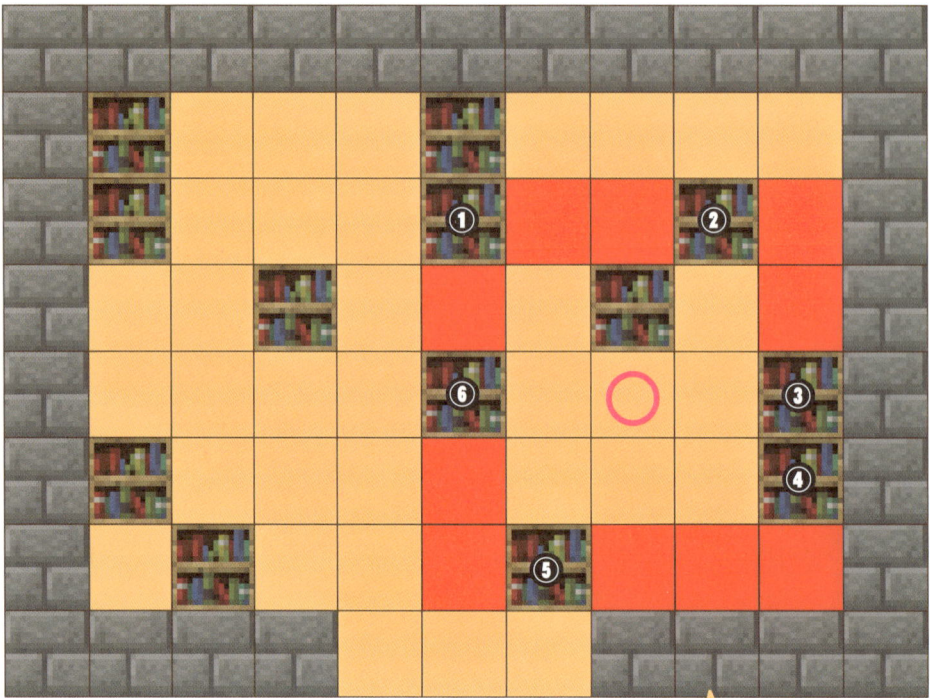

선생님 풀이
책장이 모여 있는 곳 중 마법 부여대를 놓을 만한 곳을 찾고, 책장의 수를 세어 비교해 보아요.

2

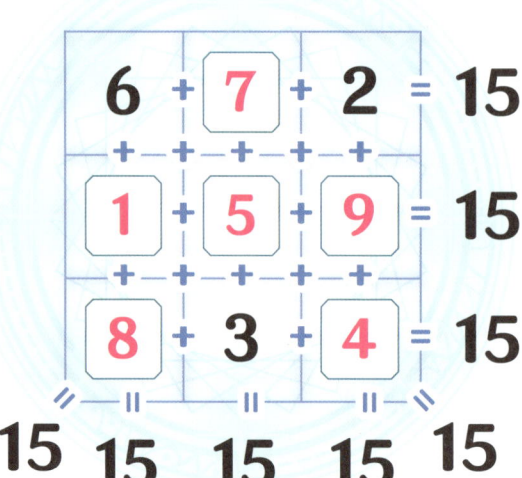

선생님 풀이
1~9의 숫자가 한 번씩 들어가요. 1, 2, 3, 4, 5, 6, 7, 8, 9를 적어 두고 하나씩 지우며 빈칸을 채워 보아요.

미션 31 가스트를 쓰러뜨려라!

70-71쪽

1

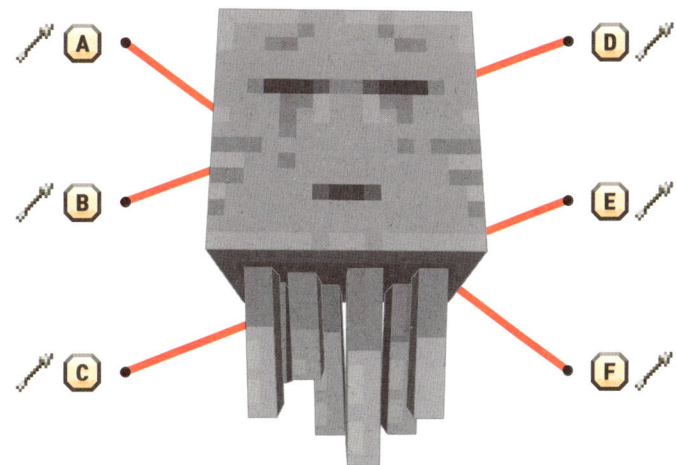

Ⓐ 11+24+14 = 49
Ⓑ 20+12+13 = 45
Ⓒ 14+26+35 = 75
Ⓓ 100-35-20 = 45
Ⓔ 100-11-14 = 75
Ⓕ 100-19-32 = 49

2

26+35 = 61

63-18 = 45

43+39 = 82

64+38-6 = 96

76-19+2 = 59

62-19+8 = 51

미션 32 위더 스켈레톤을 쓰러뜨려라! 72-73쪽

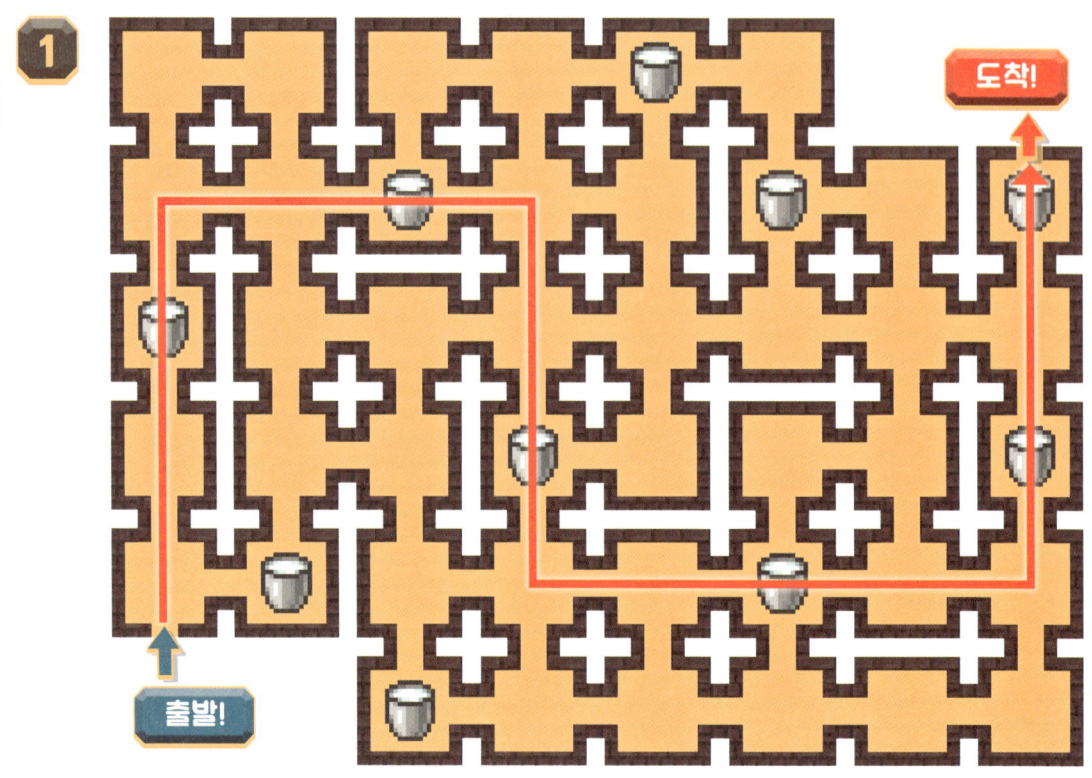

선생님 풀이
13→16→19에서 수가 늘어나는 규칙을 찾아요.

미션 33. 히든 보스 위더를 쓰러뜨려라!

74-75쪽

1

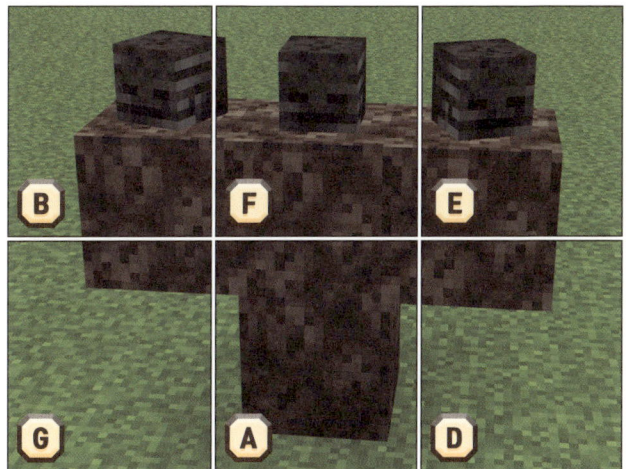

답. B F E G A D 순서로 배열해요.

2

UNOFFICIAL BOOK

MINECRAFT 수학 코딩 대모험
❷ 위더를 무찔러라!

초판 1쇄 인쇄 | 2024년 7월 19일
초판 1쇄 발행 | 2024년 7월 29일
저자 | GOLDEN AXE **번역** | 박유미
발행인 | 심정섭 **편집인** | 안예남
편집팀장 | 최영미 **편집** | 박유미, 허가영
디자인 | 이혜원 **브랜드 마케팅** | 김지선, 하서빈
출판마케팅 | 홍성현, 김호현 **제작** | 이수행, 정수호

발행처 | (주)서울문화사
등록일 | 1988년 2월 16일 **등록번호** | 제2-484
주소 | 서울특별시 용산구 새창로 221-19(한강로 2가)
전화 | 02-791-0708(구입) 02-799-9171(편집) 02-790-5922(팩스)
인쇄처 | 에스엠그린
ISBN | 979-11-6923-936-3
979-11-6923-926-4(세트)

MINECRAFT SANSU, PROGRAMMING GAKUSHU DRILL 2
Copyright © standards 2023

Korean translation rights arranged with standards
through Japan UNI Agency, Inc., Tokyo and Shinwon Agency Co., Seoul